KB093005

불안
의
／
철
학

불안의 / 철학

실체 없는
불안에

잠식당하지
않고

온전한
나로
사는 법

기시미 이치로

김윤경 옮김

타인의사유

불확실성과 불안

인생은 불확실하다. 앞으로 어떤 일이 일어날지 정확히 알 수 있다면 아마도 불안하지 않을 것이다. 하지만 우리는 당장 내일 일조차도 알 수 없다. 내일이라는 날은 분명 오겠지만, 그때 내가 존재할지 아닐지는 모를 일이다. 다행히 존재하더라도 갑자기 큰 재해나 사고가 일어나면 바로 전날까지도 생각해 본 적 없는 세상이 되고 만다. 후쿠시마 원전 사고가 일어났을 때, 수많은 사람들이 무슨 일이 일어난 건지도 모른 채 목숨만 겨우 건져 대피했고, 지금까지도 많은 이들이 피난 생활을 계속하고 있다.

자연재해나 원전 사고가 아니더라도 자신이나 가족이 병에 걸린 경험이 있는 사람은 눈앞이 캄캄해지는 심경을 느껴 봤을 것이다. 만약 누군가 자신에게 어떤 미래가 펼쳐질지 훤히 보인다고 생각한다면 그는 지금껏 이런 경험을 해 본 적이 없는 게 분명하다. 인생은 예측할 수 없기 때문에 '열심히 살아 보자!' 하는 의욕도 생길 수 있는 법이다. 일에서도 공부에서도 결과는 반드시 있기 마련이다. 최선을 다해 노력하든 아무 노력도 하지 않든 결과가 정해져 있다면 애써 노력할 의욕도 생기지 않는다. 그런 의미에서 앞으로 자신에게 무슨 일이 일어날지 정확히 다 안다면 그런 인생은 굳이 살아갈 필요가 없다고 해도 무방하다.

확신까지는 못하지만 지금까지와 같은 인생이 앞으로도 계속되리라 생각하는 사람도 있을 것이다. 그렇게 생각하는 사람은 살면서 모든 일이 순풍에 돛 단 듯이 술술 잘 풀려 한 번도 좌절하거나 실패해 본 적이 없는 사람일지 모른다. 그러나 지금까지와 같은 인생이 계속될 거란 보장은 그 어디에도 없다.

다만 우리 모두가 확실히 알고 있는 미래가 딱 하나 있다. 바로, 사람은 누구나 죽는다는 것이다. 누구나 죽는다는 미래를 알았으니 이제 더는 불안하지 않을까? 그렇지 않다. 죽는다는 사실만 알고 있을 뿐, 죽음이 어떤 것인지, 그리고 언제 어떻게 죽게 될지는 알지 못하기에 불안은 사라지지 않는다.

우리를
불안하게 하는 것들

앞날을 내다볼 수 있어야 안심이 되는 사람들은 변화를 두려워한다. 아무것도 달라지지 않는다면 앞날을 내다볼 수 있어 불안하지 않겠지만, 조금이라도 현재 상황이 바뀔 거라고 예상되면 불안해진다. 개인심리학을 창안한 오스트리아의 정신과 의사 알프레드 아들러는 다음과 같이 말했다.

"어떤 일을 하려고 계획할 때 맨 먼저 불안의 감정이 생기는 사람이 있다. 집에서 독립하거나 배우자와 헤어지려 할 때, 또는 취업을 하거나 사랑에 빠질 때.”(알프레드 아들러,《아들러의 인간이해》)

우리는 어떤 일을 하려고 ‘계획할’ 때 불안한 마음이 든다. 다시 말해, 실제로는 아직 아무 일도 시작하지 않았는데 불안에 사로잡히는 것이다.

늘 자신감이 있어서 무슨 일을 해도 잘될 거라고 믿는 사람이나 지금까지 순탄하게만 살아온 사람이라면 불안을 느끼지 않을 수도 있겠지만 그런 사람은 세상에 그리 많지 않다.

집 밖으로 한 발자국만 나가도 무슨 일이 일어날지 모른다. 그래서 밖에 나가 불안을 느끼느니 집에만 들어앉아 있으려는 사람도 있다. 그런 사람은 나갈 때 꼭 누군가 있어야만 한다. 함께할 사람이 있을 땐 아무 생각 없이 그 사람을 따라가기만 하면 헤매지 않고 목적지까지 갈 수 있는데, 혼자 나가면 어떤 길로 가야 하는지 자신이 직접 알아봐야 하기 때문이다. 길을 헤매지 않는다 해도 도중에 예기치 않은 상황을 맞닥뜨릴 수 있다. 전철이 제 시각에 오지 않는 등의 돌발 상황이 발생하면 원래 계획과는 다른 방법으로 목적지까지 가야 하는데 그런 일에 대처하는 것이 익숙지 않고, 스스로 해결할 자신이 없으면 결국 혼자 외출하는 걸 단념하게 된다.

취업이 되어 새로운 일을 시작할 때 역시 누구나 불안해한다. 업무를 배워 익히는 것도 쉽지 않지만 더욱 힘든 건 직장 내 인간관계다. 어떤 일이든 혼자서는 할 수 없기 마련이고 함께 일하는 사람들 모두가 좋은 사람일 수도 없다.

그나마 직장에서 이뤄진 인간관계의 경우 일할 때만 필요한 관계라고 선을 그어 구분하면 그렇게 힘들지는 않다. 동료와 꼭 친구가 될 필요는 없다. 불편한 사람과 함께 일하게 됐다 해도 업무상 관계일 뿐이므로 회사를 나서면 그 사람에 관한 일로 신경 쓰거나 고민하지 않아도 된다.

더 큰 문제는 일 이외의 인간관계다. 처음 사람을 만나면 행여 상대의 기분을 상하게 하지는 않을까 하고 불안해진다. 물론 친한 사람이라도 불안해지기는 마찬가지다. 친하기에 더더욱 마음을 쓰느라 불안해지는 것이다.

아들러는 사랑에 빠지면 불안해진다고 말했다. 연인 관계는 친구 관계보다 훨씬 더 어렵다. 다른 관계와 달리 심리적 거리가 가깝고 함께 있는 시간도 길기 때문이다. 사랑에 빠지는 게 두 사람의 관계에서 추구하는 목표 지점은 아니다. 연애의 목표를 결혼이라고 생각하는 사람도 있는데, 그렇게 결혼을 하고도 결혼 생활이 자신이 원하는 대로 되지 않아 크게 싸운 뒤 헤어지기도 한다. 두 사람의 관계가 처음 그대로 늘 한결같을 수는 없다. 관계가 원만하게 이어지지 못해서 사귀던 사람과 헤어진 적이 있는 사람은, 그다음에 다른 누군가를 좋아하게 돼도 또 잘못되지는 않을까 하고 불안해진다.

부모-자식 관계는 관계의 깊이와 지속성의 측면에서 보면 다른 어떤 대인관계보다도 어렵다. 관계가 좋지 않다고 해서 헤어질 수도 없다. 지금은 부모가 건강하고 서로 관계가 좋더라도 언젠가 간병해야 한다고 생각하면 불안해지는 사람도 있을 것이다. 꼭 간병

상황이 아니더라도 부모가 늙어 가면서 부모-자식 관계가 어떻게 될지는 아무도 모른다.

노화, 질병, 죽음도 사람을 불안하게 한다. 많은 사람들이 노화를 늦추거나 병에 걸리지 않기 위해 건강에 신경을 쓰고 있지만, 세상 엔 늙지 않는 사람도, 병들지 않는 사람도 없다. 물론 죽지 않는 사람도 없다.

여기에 코로나19는 우리 일상에 어두운 그림자를 드리웠다. 일상은 크게 바뀌었고 앞으로 과연 어떻게 될지 생각하면 불안하지 않을 수 없다. 이 불안도 앞으로의 인생이 어떻게 될지 모른다는 데서 생겨난다. 어떤 병에 걸린 사람은 그 병의 이름 정도는 이전에 들어 봤더라도 그게 실제 어떤 병인지는 처음 알게 되는 경우가 많을 것이다. 하지만 지금까지 그 병과 관련한 많은 사례들이 있기 때문에 자신의 병이 어떤 것인지 알 수 있고 그 질병에 대한 치료법도 있기 마련이다. 그런데 코로나19는 미지의 바이러스라 전문가들조차 정확히 알지 못한다. 따라서 앞으로 어떻게 될지 아무도 모르기에 더 불안한 것이다.

할 수 있는 게
아무것도 없다고 느낄 때

사람은 자신이 통제하고 조절할 수 없다는 생각을 할 때 불안해진다. 누구나 언젠가 죽는다는 사실은 알지만, 그때가 언제인지는 모르며 자신이 결정할 수도 없다.

많은 사람들이 자신이 운전하는 자동차가 비행기보다 더 안전하다고 생각한다. 실제로 자동차 사고로 인한 사상자가 비행기 사고로 인한 사상자보다 많은데도 자신이 직접 상황을 통제할 수 있다고 믿기 때문에 자동차가 더 안전하다고 느끼는 것이다.

죽음을 두려워하던 사람이 중병에 걸리면 스스로 목숨을 끊는 경우가 간혹 있다. 이는 죽음을 스스로 제어하고 싶기 때문이다. 대개는 죽음 그 자체가 훨씬 더 무섭다고 생각하지만 죽음이 눈앞에 닥치면 사람은 때때로 비합리적인 행동을 하게 된다.

병으로 인해 끊임없이 심한 통증에 시달리는 사람은 고통이 있다는 사실이 무엇보다 괴로우며 그 고통을 스스로 제어할 수 없다는 데 두려움을 느낀다. 그렇게까지 가지 않더라도 지금까지는 신체의 존재 자체를 전혀 의식하지 않던 사람이 자신과 신체 사이의 격차를 느끼게 될 때도 두려움은 찾아온다. 젊고 건강했을 땐 일하느라 아무리 지쳐도 하룻밤 쉬고 나면 피로가 말끔히 풀렸지만 나이가 드니 조금만 무리해도 피로가 쉽게 가시지 않는, 그런 상황 말이다.

또한 타인 역시 내 마음대로 제어할 수 없다. 이 세상에 누군가의 기대를 충족시켜 주기 위해 태어난 사람은 없다는 사실을 깨닫지 못하고, 자신이 타인을 조종할 수 있다고 믿는 사람이 있다. 특히 부모 중에는 자녀에게 자신이 원하는 인생을 강요하는 사람들이 있다. 부모가 너무 강압적이면 반항하지 못하고 부모의 의견에 따르는 자식들도 있는 반면, 자신의 인생인데 부모가 결정한다는 건 옳지 않다고 반발하는 자식들도 있다.

자신이 타인의 기대를 만족시키지 못한다는 사실을 잘 아는 사람은, 마찬가지로 자신이 타인을 제어할 수 없다는 것도 잘 알고 있다. 그러나 타인의 기대에 맞춰 살아 온 사람은 타인도 자신과 같을 거라 생각하며 조종하려 들기 쉽다. 그런 사람은 상대방도 자신과 같은 생각일 거라고 믿고, 자신이 그를 잘 안다고 착각한다.

하지만 부모-자식 관계라도 부모가 스스로 자식에 대해서라면 내가 누구보다 잘 안다고 이야기한다면 자식은 분명 반발할 것이다. 그만큼 다른 사람을 이해한다는 건 거의 불가능에 가깝다. 다만 그렇게 단정해 버리고 나면 사람들과 어울려 살기 힘들기 때문에 이를 전제로 놓고 앞으로 어떻게 관계를 구축해 갈지를 함께 고민해야 한다. 부모가 자식을 잘 안다고 생각하는 건 자신의 의도대로 제어하고 싶어서다. 자식은 결코 자신이 조종할 수 없는 존재라는 사실을 깨닫고 나면 부모는 불안해진다.

내일 일도
알 수 없을 때

앞날은 아무것도 알 수 없다. 일은 변화하기 마련이며, 때론 원치 않는 일도 일어난다. 무슨 일이 일어날지는 미리 정해져 있는데 우리가 알지 못하는 거란 의미가 아니다. 대부분의 일은 우리가 제어할 수 없게 일어난다.

그렇다 하더라도 두 손 놓고 방관하기보다 자신이 할 수 있는 일을 해야 한다. 낙관적으로 생각한다고 해서 불안이 사라지는 건 아니다. '무서운 일은 결코 일어나지 않을 거야.'라고 마음을 다독이는 건 마치 무섭다고 눈을 감아 버리는 것이나 다름없다. 눈을 감는다고 해서 무서운 일이 사라지는 건 아니지 않은가.

불안해지더라도 우리는 '앞날을 미리 내다볼 수 없고, 앞으로 어떤 일이 일어날지 알 수 없다.'는 사실을 전제로 살아가는 수밖에 없다.

무엇이 불안한지도 명확지 않다. 하지만 앞날을 알 수 없다고 해서 누구나 다 불안해하는 것은 아니다. 오히려 앞으로 일어날 일을 모르기에 더욱 가슴 설렌다는 사람도 있다.

불안한
당신에게

철학자 알랭 드 보통은 불안이 무엇인가 하는 물음에 다음과 같이 대답했다.

"불안은 미지, 또는 제어 불가능한 일에 필사적으로 대처하고 통제하려는 마음의 움직임이다. 하지만 현실을 통제하려는 시도는

실패할 운명에 놓여 있다."(알랭 드 보통, 〈단두대의 희망〉,《새로운 세계新しい世界》)

미지의 일이나 제어 불가능한 일을 자신의 의지로 통제할 수 없는 건 당연하다. 하지만 통제할 수 없다고 단정해 버리면 이야기는 거기서 끝나고 만다. 죽음은 미지의 일이지만 그 사실을 받아들인다고 죽음에 대한 불안이 해소되는 건 아니다. 알랭 드 보통은 인터뷰에서 "불안을 제어할 수는 없다는 사실을 깨달아야 한다."라고 했는데 내 견해는 다르다.

알랭 드 보통에 따르면 고대 로마의 스토아학파 철학자들은 평화롭게 살아가려면 모든 것이 잘되어 갈 거라고 생각하지 말아야 한다고 설파했다. 맞는 말이다. 무조건 낙관적인 사고방식에는 나도 동의하지 않는다.

하지만 알랭 드 보통이 다음과 같이 주장한 데는 수긍할 수 없다.

"마음에 평안을 가져오는 유일한 방법은 최악의 시나리오를 상정하는 일이다. 그렇게 하면 어떤 일이 일어나도 문제없다. 최악의 사태를 받아들일 준비가 이미 되어 있기 때문이다."

나 역시 근거 없는 낙관론을 주장하지는 않지만 조금 더 긍정적으로 살아갈 수는 있다고 생각한다.

이 책에서는 우선 불안이 대체 무엇인지를 고찰한 다음, 불안에 어떤 종류가 있으며 어떻게 해야 불안을 극복하고 그 상황에서 벗어날 수 있는지를 알아볼 것이다. 그리고 마지막으로 오늘날과 같은 불확실성의 시대를 어떻게 살아가야 할지에 대해 생각해 보려 한다.

어떤 책에 이런 글을 쓴 적이 있다.

"한밤중에 문득 잠에서 깼을 때 심장의 고동소리를 듣고 자신이 조금 전까지 죽음의 바로 곁에 있었음을 알아차려 본 적 없는 사람이 과연 있을까." (기시미 이치로, 《아들러, 인생을 꿋꿋하게 살아가는 심리학 アドラー 人生を生き抜く心理学》)

교정지에 편집자가 '나는 그런 경험이 없다.'라고 써 놓은 메모를 보고 세상에는 내가 느끼는 만큼의 불안을 느끼지 않는 사람도 있다는 데 놀랐다. 나는 내 몸에 관해서뿐만 아니라 오늘날 세상에 일어나고 있는 일들이 떠올라 불안해지면 밤중에 잠을 깰 때가 있다. 나는 불안해서 잠 못 이루는 밤을 지낸 적이 있는 사람들을 위해 이 책을 썼다. 조금이나마 평온한 마음으로 하루하루를 보낼 수 있기를 바라며.

2021년 5월

기시미 이치로

Contents

3· 대인관계와 불안

4· 일과 불안

5. 질병과 불안

6. 나이 듦과 불안

7· 죽음과 불안

8. 불안의 해법

I.

불안의 실체

"사람이 한번 인생의 역경에서
도피하려는 생각을 하게 되면
이러한 사고는
불안이 가중될수록
강화돼 확실해진다."

- 알프레드 아들러

불안은
대상이 없다

덴마크의 철학자 쇠렌 키르케고르는 불안의 대상은 무無라고 주장했다(쇠렌 키르케고르, 《불안의 개념》). 일상적인 말로 표현하자면 '왠지 불안하다.'라는 의미다. 어떤 일이 있어서 불안한 게 아니라 실체가 없는 것이 사람을 불안하게 한다.

이에 반해 공포는 어떤 특정한 일과 관련돼 일어난다. 큰 개가 가까이 다가올 때라든지 땅이 흔들릴 때 느끼는 감정은 공포지 불안이 아니다.

땅이 흔들리다가 진정되면 공포는 사라진다. 하지만 지진이 또 일어나진 않을까 하고 생각할 때 느끼는 감정은 공포가 아닌 불안이다. 특정한 때에 일어나는 지진에 대한 공포가 아니라, 막연하게 언젠가 또 지진이 발생할지도 모른다는 생각에 불안해지는 것이다. 최근 강도가 굉장히 센 지진을 경험해 심한 공포를 느꼈다면 그 이후엔 불안도 그만큼 커질 수 있다. 그렇다면 공포와 불안 중 어떤 감정이 더 대처하기 어려울까. 바로 특정 대상 없이 막연하게 느끼는 불안이다. 이런 불안은 본래 없어도 되는 감정이지만 줄곧 따라다니는 경우가 많다. 불안은 그저 주관적인 감정이니까 마음가짐에 따라 해소할 수 있지 않을까? 그렇지 않다.

오늘날 세상에는 부조리한 일들이 많다. 그런 일들이 없다면 불안을 느낄 일도 없을 것이다. 부조리하고 불합리한 일에 눈을 감는다고 해서 불안이 해소되는 건 아니다. 그렇다고 불안해하기만 해서는 아무것도 달라지지 않는다. 따라서 우리는 불안에 어떻게 대처할지에 대해 조금씩 생각을 해 두어야 한다.

불안은
목적이 있다

아들러는 불안의 '원인'이 아닌 '목적'에 주목했다. 그는 일이나 대인관계처럼 살아가는 데 피해 갈 수 없는 과제를 '인생의 과제'라고 명명하고, 불안은 이런 인생의 과제에서 벗어나기 위해 만들어지는 감정이라고 지적한다. 다시 말해, 불안의 목적은 인생의 과제에서 벗어나는 일인 것이다.

앞서 키르케고르가 공포와 불안을 구별했던 것처럼 불안에는 대상이 없다. '왜 불안해하는가?'라는 질문을 받으면 자신이 생각하는 원인에 대해 답은 하겠지만, 공포와 달리 본래 불안에는 대상이 없기 때문에 이때 내세우는 원인은 그리 중요치 않다.

불안은 이렇듯 어떤 원인에 의해 생기는 감정이 아니기에 어떤 일에 부딪혔기 때문에, 무언가를 경험했기 때문에 불안해졌다는 식의 인과관계로 볼 수는 없다. 불안이 너무 크면 살아가기 힘들어진다. 병이나 재해가 아니더라도 대인관계에 지쳐 사람들과 얽히는 걸 피하려는 사람이 있다. 불안의 목적은 바로 여기에 있다. 이에 대해 아들러는 다음과 같이 말한다.

"사람이 한번 인생의 역경에서 도피하려는 생각을 하게 되면 이러한 사고는 불안이 가중될수록 강화되어 확실해진다."(알프레드 아들러,《아들러의 인간이해》)

인생의 과제에 어떤 식으로든 한 번도 좌절해 본 적이 없는 사람은 아마 없을 것이다. 일이나 공부에는 반드시 결과가 있고, 그에 따른 평가를 받게 된다. 그럴 때 자신이 원하는 결과나 타인이 기대하는 성과를 내지 못할지도 모른다는 생각에 적극적으로 행동하지 않는 사람이 있다. 과제에 도전하고 노력하지 않으면 결과는 나오지 않게 되고, 따라서 평가도 받지 않을 수 있기 때문이다. 이후에 다시 살펴보겠지만, 평가는 결과에 관한 것이지 인격에 관한 게 아니다. 하지만 불안도가 높은 사람들은 자신의 가치가 낮게 평가될 바에는 과제로부터 도망쳐야겠다고 생각한다.

처음부터 좋은 결과가 나올 수는 없다. 한번 과제에서 도망치면 나중에도 또 도망치게 된다. 그때부터는 불안해질 때마다 그 불안을 과제에서 도망치기 위한 구실로 삼게 된다. 인생의 역경에서 도피하려는 사고가 '불안이 가중될수록 강화돼 확실해진다.'라는 말은 바로 그런 의미다.

대인관계는 분명 어려운 과제다. 사람들과 교류하다 보면 어떤 형태로든 마찰이 생긴다. 다른 사람과 관계를 맺고 살아가는 동안에는 배신을 당하거나 미움을 사거나 상처받는 등의 일들을 피할 수 없다. 자신이 상처받는 일이 아니더라도 무심코 내뱉은 나의 한

마디가 상대를 무척 화나게 할 수도 있다. 그렇다 보니 사람들과 관련해 괴로운 일을 겪거나 문제에 얽힐 바에야 차라리 처음부터 인간관계를 피하겠다고 생각해 버리는 경우도 있는데 그 심정도 충분히 이해는 간다.

아들러는 '모든 고민은 대인관계에서 비롯된다.'고 강조했다. 상담을 하다 보면 고민의 주제들이 대부분 결국에는 대인관계의 문제라고 해도 좋을 정도다.

대인관계를 둘러싼 과제를 회피하려 할 때는 그 명분이 필요하다. 물론 아무 이유 없이 과제를 회피할 수도 있지만 이유가 있어야 주변 사람들도, 본인도 납득할 수 있다.

한 예로, 아이가 학교에 가고 싶지 않을 때 그냥 쉬어도 되긴 하지만, 부모와 교사는 이유 없는 결석을 허락하지 않는다. 그래서 반드시 학교에 빠지려는 이유를 묻는다. 아이들도 대부분 특별한 이유가 없는 한 학교를 쉬어서는 안 된다고 생각한다. 따라서 부모에게 배가 아프다거나 머리가 아프다고 말한다. 이때 부모는 아이가 사실은 배도 머리도 아프지 않은 게 아닐까 하고 의심한다. 이때 복통이나 두통 증상은 꾀병이 아니다. 실제로 아픈 것이다.

아이가 정말 통증을 느낀다면 부모는 머리가 아픈 것 정도로 결석하면 안 된다고는 말하지 못한다. 그 사실을 잘 아는 아이는 부모가 묻기도 전에 먼저 "오늘은 머리가 아프니까 학교에 가지 않겠다."라고 말하는 것이다. 이는 자신을 향한 핑계이기도 하다. '사실 나는 꼭 학교에 가고 싶지만 이런 통증이 있어서 가고 싶어도 못 가는 거야.' 이렇게 생각하면 몸은 아파도 마음은 아프지 않다.

이때 부모는 아이를 학교에 보내고 싶은 마음이 굴뚝같더라도 어쩔 수 없이 학교에 연락해 아이를 쉬게 한다. 교사 역시 당연히 이유를 물어볼 것이다. 이때 내세울 이유가 없으면 부모도 난처하다. 아이가 복통 또는 두통으로 아파서 오늘은 집에서 쉬게 하겠다고 하면 교사는 납득한다. 그리고 떳떳이 쉴 수 있게 된 순간, 아이의 증상은 가벼워지거나 싹 사라진다.

아들러는 사람들이 일상생활 속에서 자주 사용하는 'A이므로(혹은 A가 아니므로) B를 할 수 없다.'라는 논리를 '열등 콤플렉스'라고 부른다. 자신도 타인도 어쩔 수 없다고 생각할 수 있는 확실한 이유인 A를 내세우는 것이다.

지금 주제로 삼고 있는 불안은 그 자체로 A가 된다. '불안'이 인생의 과제에서 도망치기 위한 이유가 되는 것이다. 다만 복통이나 두통만큼 상대가 이해해 줄지는 모르겠다. 아이가 "오늘은 불안해서 학교에 가지 않을래요." 하면 아마 부모는 이해하지 못할 것이다.

기본적으로 불안은 미래에 대한 감정이다. 아들러는 일이나 대인관계에서 한번 인생의 역경을 경험했다고 해서 다시 같은 일을 경험하는 것에 대해 불안해진다고는 생각하지 않았다. 어떤 일을 경험했다는 자체가 불안의 원인이 된다고는 생각할 수 없다는 것이다.

앞에서 언급했지만 다시 한번 인용하면, 불안에 관한 아들러의 생각은 다음과 같다.

"사람이 한번 인생의 역경에서 도피하려는 생각을 하게 되면 이러한 사고는 불안이 가중될수록 강화돼 확실해진다."

즉, 인생의 역경에서 도피한다는 것은 인생에서 만난 과제가 힘들어 그곳에서 벗어나겠다는 뜻이다. 인생의 역경에서 도망치려는 사람은 불안한 감정을 갖게 됨으로써 그 결심을 강화한다. 다시 말해, 불안이 없어도 원래 인생의 과제에서 도망치겠다고 결심했겠지만, 이렇게 불안하니까 도망칠 수밖에 없다고 생각하는 것이다. 인생의 고난에서 도망치려고 생각하는 게 먼저고, 이 사고를 정당화하기 위해 불안이라는 감정을 사용한다는 뜻이다.

일도 대인관계도 확실히 힘들고 어려운 인생의 과제이지만 그렇다고 해서 누구나 도망치려 하지는 않는다. 그리고 사실 도망칠 수도 없다. 그러나 대인관계에서 뭔가 괴로운 경험을 한 사람은 두 번 다시 같은 일을 겪고 싶지 않기 때문에 대인관계를 회피하려 한다. 그리고 이에 대한 이유로 '불안'을 내세운다.

인생의 과제를
회피하고 싶은 마음

커다란 자연재해나 사건사고를 당한 후로 대인관계와 같은 인생의 과제를 피하려는 사람들이 있다. 이런 뜻밖의 재난은 마음에 상처를 입히고 그 트라우마는 심각한 우울, 불안, 불면, 악몽, 공포, 무력

불안은
인생의 과제에서
벗어나기 위해
만들어 낸 감정이다.

감, 전율 등의 증상을 일으킨다.

사고나 재해를 당하면 그 일로 몸과 마음에 큰 영향을 받지 않을 수 없다. 또한 자신의 의지에 반하는 일을 강요받았을 때는 그로 인해 마음이 병들게 된다. 원전 사고 발생 후 오랫동안 어쩔 수 없이 피난소에서 생활해야만 했던 사람들이 그랬다.

아들러는 제1차 세계대전 때 군의관으로 참전해 사람을 죽고 죽이는 전쟁터에서 전쟁신경증을 앓는 군인들을 치료했다.

그럼에도 아들러는 트라우마를 부정했다.

"어떠한 경험도 그 자체는 성공의 원인도 실패의 원인도 될 수 없다. 우리는 자신의 경험에서 받은 충격, 소위 트라우마로 괴로워하는 게 아니라 경험 속에서 자신의 목적에 걸맞은 것을 찾아낸다. 자신의 경험에 의해 결정되는 것이 아니라, 그 경험에 자신이 부여하는 의미에 의해 결정된다. 그래서 특정 경험을 미래의 인생을 위한 기초라고 생각할 때는 필시 무언가 잘못하고 있는 것이다. 의미는 상황에 따라 결정되는 것이 아니라 우리가 상황에 부여하는 것이다."(알프레드 아들러,《다시 일어서는 용기》)

아들러는 전쟁터에서 마음에 병이 들 리 없다고 말한 것이 아니다. 그는 실제로 마음의 병을 앓고 있는 군인들을 치료했다. 그러나 마음의 병을 앓을 정도의 괴로움을 경험했다고 해서 그 트라우마를 인생의 과제를 피할 이유로 내세워서는 안 된다는 이야기를 하는 것이다. 아들러는 과거에 괴로운 경험을 한 사람도 '살아갈 용기'를 되찾을 수 있다고 믿었다.

아들러는 사람이 어떤 일로 인해 모두 같은 영향을 받고 외부로부터의 작용에 반응하는 것은 아니라고 생각했다. 이것이 바로 아들러의 인간관이다. 그런 의미에서 사람은 반응자reactor가 아니라 행위자actor다(돈 딩크마이어 외,《아들러식 상담과 심리치료Adlerian Counseling and Psychotherapy》).

신경과 의사인 리디아 지하는 다음과 같이 말했다.

"행동에 문제가 있었더라도 자극에 반응하는react 것이 아니라, 자신이 진화하는 데서의 역할, 사회에서의 위치에 관한 생각에 따라 행동하고act 있는 것이다."(리디아 지하,《리디아 지하의 수집품: 아들러식 관점The Collected Works of Lydia Sicher: An Adlerian Perspective》)

재해나 사고를 겪은 사람이 그 경험으로 인해 심각한 불안을 호소하고 그 일을 이유로 인생의 과제를 회피한다면, 이는 그가 원래 그러한 경향이 있었기 때문이다. 평소 일하고 싶어 하지 않는 사람이라면 일하지 않는 행위를 정당화할 이유가 생겼다고 생각할지도 모른다.

이와 관련해 아들러는 다음과 같은 사례를 들었다.

"주인 옆에 붙어서 걸어가도록 훈련받은 개가 어느 날 자동차에 치였다. 개는 다행히도 목숨을 건졌다. 그 후 주인과 다시 산책하기 시작했지만 사고를 당했던 '그 장소'를 두려워하게 됐고 그 장소에 갈 때마다 다리가 움츠러들어 한 발짝도 앞으로 나가지 못했다. 그리고 더 이상 그 장소 근처에도 가지 못하게 되었다."(알프레드 아들러,《삶의 의미》)

인간에게도 같은 일이 일어난다. 큰 사고나 재해를 맞닥뜨린 사람이 그 경험을 계기로 일할 수 없게 되는 경우가 그렇다. 이 개처럼 처음에는 사고를 당한 장소나 사건에 휘말린 장소에 가면 불안해지고 심장이 두근거리거나 두통이 나타나는 정도였다가, 나중에는 그 장소 주변을 지나가기만 해도 증상이 나오고, 결국 얼마 못 가서는 한 발짝도 밖으로 나갈 수 없게 된다.

사고를 당했던 장소에서 불안해진다면 거기에는 목적이 있다. 아들러가 비유한 이 개는 사고를 당한 장소에서 불안해졌을 뿐만 아니라 그 장소 가까이도 가지 못하게 됐다.

그렇다고 아들러가 모든 과제에 대한 회피를 문제 삼은 건 아니다. 그곳에서 도망쳐야만 하는 과제도 있긴 하다. 전쟁신경증은 신경증의 일종이나, '전쟁터에서 싸워야 한다'는 과제로부터 도망치려 했다고 해서 비난받아야 하는 건 아니다.

결정을 미루기 위해
만들어 낸 감정

아들러는 불안과 공포를 유의어로 사용하며, 둘의 차이는 앞서 말했듯 대상의 유무로 구별한다.

공포에는 구체적인 대상이 있다. 지금은 주인 없는 개, 또는 그냥 풀어놓고 키우는 개를 만날 일이 잘 없어서 실제 이 같은 경험을 할 일은 거의 없긴 하지만, 큰 개가 가까이 다가오거나 지진이 일어날 때 우리는 공포를 느낀다.

하지만 이 두 사례에서 공포의 원인은 개나 지진이 아니다. 큰 개가 다가온다고 해서 모두가 도망치지는 않기 때문이다. 지진은 무섭긴 하지만 몸이 굳어 버리면 도망칠 수조차 없다.

개에게서 도망치겠다는 결심을 먼저 한 다음, 그 결심을 뒷받침할 감정으로 두려움을 만들어 내는 것이다. 그 자리에서 도망치지 못할 때 역시 도망치지 못한다고 결심한 다음, 공포를 느꼈기에 도망칠 수 없는 거라고 합리화한다. 공포와 도망치는 행동 사이 시간이 짧기 때문에 공포가 행동의 원인처럼 보이지만, 실은 '어떻게 하겠다.' 하는 결심이 먼저 일어나는 것이다.

이에 반해, 불안에는 구체적인 대상이 없다. 그런데도 사람들은 막연한 불안감에 사로잡힌다. 불안을 느끼는 사람은 두려움에 사로잡힌 사람과 달리 바로 행동에 나서지 않고, 아들러의 말을 빌리면 '망설인다'.

"아마도 바로 떨거나 그곳에서 도망치지는 않을 것이다. 하지만 그들의 발걸음은 점차 느려지고 온갖 변명과 구실을 찾아낸다."(알프레드 아들러,《아들러의 인간이해》)

어떤 결정을 내려야 하는 순간이 오면, 이 결정으로 인해 뭔가 문제가 일어나지는 않을까 하고 앞으로 일어날지도 모르는 일을 예상하며 불안해진다. 지금 하고 있는 일이 자신에게 맞지 않거나 직장에서 대인관계가 원만하지 않아 회사 가기가 너무 괴로운 사람이라면 이직을 고민할 것이다. 하지만 지금보다 조건이 좋은 회사로 옮길 수 있다는 보장도 없고, 새로운 회사에서 또 지금과 같이 골치 아픈 대인관계를 겪게 될지도 모른다고 생각하면 결정을 뒤로 미루게 된다.

나는 앞으로 어떻게 해야 좋을지 모르겠다는 고민 상담을 자주 받는데, 내 조언을 듣고 나서 "네, 알겠습니다. 하지만……." 하는 사람이 많다. 이직 문제를 예로 들면, 이렇게 '하지만'이라고 말한 사람은 이직하려는 마음과 이직하지 말아야겠다는 마음이 팽팽하게 맞서는 게 아니라 처음부터 '이직하지 않겠다.'라고 정해 놓은 것이다. 따라서 '하지만'이라고 말하는 사람이 결심을 뒤집는 일은 거의 없다. 그런 사람은 '하지 않겠다.'는 결심을 정당화, 또는 강화하기 위해 이유를 만들어 낸다. 그것이 바로 '불안'이다.

사람들은 무슨 일이 일어날지 모르기 때문에 불안하다고 한다. 하지만 불안해져서 결정 내리기를 주저하는 것이 아니라, 결정을 내리지 않으려고 불안해지는 것이다. 불안하지 않으려면 결정을 내려야 하지만, 망설이고 있는 동안은 결정하지 않아도 되기 때문이다. 반면 망설이기를 멈췄을 때는 바로 결정을 내려야만 한다. 결정을 나중으로 미루기 위해서는 앞으로의 일을 생각해 불안해지면 되는 것이다. 즉, 불안은 결정을 내리지 않기 위해 만들어 낸 감정이다.

지금 하고 있는 일을 계속할지 그만둘지가 당장 직면하고 있는 인생의 과제라고 할 때, 이 과제를 앞에 두고 발걸음은 점점 느려지다가 마침내는 멈춰 서고 만다. 이때 불안의 목적은 결정을 내리지 않는 것, 적어도 당장은 결정을 내리지 않는 일이다.

결정 내리기를 주저할 때 일어나는 불안, 그리고 결정을 내리지 않기 위해 필요한 불안은 어떻게 해야 해소할 수 있을까. 그건 결정을 내리면 된다.

경험에 기대
내세울 핑계

아들러는 인생의 과제를 회피하려는 사람은 과거와 죽음을 생각한다고 지적했다.

"흥미로운 사실은 이 해석을 확인이라도 하듯이 이들이 과거나 죽음을 빈번하게 생각한다는 점이다. 과거도 죽음도 거의 같은 역할을 한다. 과거를 생각한다는 것이다. 과거의 일을 생각하는 것은 자신을 '억압하기' 위한 눈에 띄지 않는 수단이며 매우 즐겨 이용된다."(알프레드 아들러,《아들러의 인간이해》)

원래 불안이란 미래와 관계된 감정인데 아들러는 여기서 '과거'를 생각한다고 말하고 있다. 자신이 한 일을 확실히 알고 있는 사람은 후회를 한다. 하지만 실제로 자신이 했는지 안 했는지 모를 때 사람은 불안해진다.

과거에 경험한 일을 다시 겪게 되는 건 아닌지 불안해지기도 한다. 이렇게 과거의 일을 끄집어낼 때는 꼭 트라우마가 될 정도의 괴로운 경험일 필요도 없다. 과거에 실패한 일을 떠올리고 이번에도 또 잘되지 않을 수 있다는 생각에 불안해져 새로운 일을 하기를 망설이거나 또한 과거에 자신이 했던 일이 알려져 앞으로 자신의 인생에 그림자를 드리울지 모른다고 불안해지기도 한다. 반면 과거의 경험이 괴로운 일이 아니라 오히려 좋은 일이었던 경우도 있다. 아들러는 첫째 아이에 관해 다음과 같이 말했다.

"맏이는 대개 어떤 방식으로든 과거에 관심을 나타낸다. 과거를 되돌아보고 옛날 일을 이야기하기를 좋아한다."(알프레드 아들러,《다시 일어서는 용기》)

다만 여기서의 과거는 동생이 태어나기 전이다. 첫째 아이들은 대개 동생이 태어나기 전까지는 부모의 애정과 관심, 주목을 독차지하던 왕자님, 공주님이었다. 그러나 그들은 미래에 관해서는 비관적이다.

"맏이는 과거를 찬미하고 미래에 대해서는 비관적이다."(알프레드 아들러,《다시 일어서는 용기》)

첫째 아이는 왕좌에서 밀려났다. 둘째 아이가 태어나는 순간, 그때까지 혼자 독차지해 누리던 부모의 애정과 관심, 주목을 빼앗겼다. 과거의 영광을 빼앗긴 것이다.

어른이 되어서도 어릴 때와 같은 경험을 또 할지 모른다고 생각한 첫째 아이는 불안해진다. 따라서 어떤 지위에 오르더라도 "다른 사람이 내 지위를 빼앗고 왕좌에서 끌어내리려는 의도로 뒤에

서 다가올지 모른다고 의심하게 된다."(알프레드 아들러,《다시 일어서
는 용기》)

그렇게 경쟁자가 나타날지도 모른다는 생각에 불안해지지만 이
는 사실 과거 왕좌에서 밀려났기 때문이 아니다. 맏이로 태어나 자
란 사람이 모두 과거의 숭배자가 돼 경쟁자의 출현을 두려워하게
되는 건 아니기 때문이다. 경쟁자가 나타날지도 모른다는 생각으
로 불안에 휩싸인 사람은 어릴 때도 지금도 상대를 바꿔 가며 같은
행동을 하는 것뿐이다.

그들은 누군가를 사랑하게 돼도 적극적으로 연애 관계에 뛰어들
려 하지 않는다. 어릴 때와 마찬가지로 경쟁자가 자신의 지위를 위
협할지도 모른다는 생각이 들면 스스로 제동을 건다. 그리고 상대
의 말과 행동에서 자신에 대한 관심이 처음보다 식었다는 증거를
찾아내려 한다. 불행인지 다행인지 그런 증거는 쉽사리 발견된다.
그러면 실제로는 상대의 마음이 조금도 달라지지 않았는데도 자신
이 먼저 이별을 고한다. 그러고는 언제나 자신은 이런 식으로 사랑
받지 못한다고 생각한다.

"죽음이나 질병에 대한 두려움은 아무 일도 하지 않고 지내기 위
한 구실을 찾아내는 사람에게 일어나는 경우가 많다."(알프레드 아
들러,《아들러의 인간이해》)

일하지 않으면 살아갈 수 없지만, 가능한 한 일하지 않고 살고 싶
어 하는 사람이 있다. 일 자체가 괴로운 경우도 있지만 그보다는 일
과 관련해 사람들 대하기를 힘들어하는 것일 수도 있고, 일의 결과

가 나오는 걸 두려워하는 것일 수도 있다. 이런 사람은 남에게 평가 받고 싶지 않아 일을 하지 않거나, 적어도 적극적으로 일에 매진하지 않는다. 더 노력했다면 좋은 결과를 낼 수 있었을 거라는 구실을 만들기 위해서다. 말로는 누구나 할 수 있다.

이에 대해 아들러는 죽음과 질병을 예로 들었다. 죽음이나 질병이 마음을 불안하게 하고 불안 때문에 일이 손에 잡히지 않는다는 사람이 있지만, 그 사람들에게는 꼭 그 이유가 죽음 또는 질병이 아니어도 상관없을 것이다. 앞에서 살펴봤듯 불안에는 대상이 없으며, 불안은 일할 수 없는 원인이 아니라 일을 하지 않겠다는 목적을 위해 만들어진 이유이기 때문이다.

이렇게 괴로울 바에야 죽는 게 낫다고 생각하는 사람도 있고 막연하게 살아 있는 게 싫다는 사람도 있다. 그런 사람들은 과제를 달성하기 어렵다고 생각하며, 실패로 인해 자존감이나 위신을 잃는 것을 두려워한다. 과제에 도전해 해결하면 결과가 나온다. 하지만 자신이 원하는 결과나 타자가 기대하는 결과를 내지 못할 거라면 아예 결과를 내고 싶지 않기에 과제로부터 도망치는 것이다.

이런 사람이 정말로 원하는 건 죽음이 아니다. 자신이 직면한 과제를 포기하고 싶은 것이다. 아들러는 이런 심리를 분석하며 사람들이 인생의 과제를 회피하기 위해 꺼내 드는 구실을 '인생의 거짓말'이라고 지칭했다(알프레드 아들러, 《삶의 과학》). 이때 죽음과 질병을 두려워하는 목적은 '인생의 과제'를 회피하는 것이다.

또한 과거의 경험이 원인이 돼 앞으로 병에 걸리는 게 아닐까 하

I. 불안의 실체

고 불안해하는 사람도 있다. 오사카의 이케다에서 아동 살상 사건 (2001년 오사카 교육대 부속 이케다 초등학교에 흉기를 든 남자가 침입해 일으킨 사건—옮긴이)이 발생한 후, 한 정신과 의사가 TV 인터뷰에서 다음과 같이 말했다. "이번 사건과 관련된 아이들은 지금은 비록 아무렇지 않더라도 인생의 어느 단계에서든 반드시 문제가 일어날 것입니다."

이 말을 들은 사람은 사건을 경험한 아이들에게 나중에 뭔가 문제가 일어났을 때 초등학생 때 겪은 사건이 원인이라고 생각할지도 모른다. 하지만 과거의 경험과 지금의 문제 사이에는 아무 인과관계가 없다. 지금 일어난 문제, 이를테면 부모-자식 관계나 배우자와의 관계가 원만하지 않은 원인을 과거의 경험에서 찾는 까닭은 자신에게는 책임이 없다고 생각하고 싶기 때문이다. 모든 게 과거에 있었던 그 사건 탓이라고 생각하는 사람은 관계 개선을 위해 노력하지 않을 것이다.

"그들은 확실히 모든 것이 허무하고 인생은 너무도 짧다거나 무슨 일이 일어날지 알 수 없다는 것을 강조한다."(알프레드 아들러, 《삶의 과학》)

죽으면 모든 게 끝이고 무언가를 하기에는 인생이 너무 짧다며, 이를 인생의 과제로부터 도피하기 위한 이유로 삼는 사람도 있다. 인생이 짧다면 지금 당장 무언가 시작하는 게 좋지 않을까. 뒤에서 살펴보겠지만 죽으면 정말 모든 게 끝나는 것인지도 알 수 없다.

또한 앞으로 무슨 일이 일어날지 알 수 없다는 걸 회피의 이유로 삼는 사람도 있는데 앞에서 이야기했듯 앞으로 일어날 일을 알 수 없는 건 맞다. 하지만 무슨 일이 일어날지를 확실히 알고 있다면 살아가는 보람도 없다. 아마 이런 사람이 미래를 알 수 있게 된다면 이번에는 다 알기 때문에 살아가는 보람이 없다고 할 게 분명하다.

타인을
지배하기 위한 도구

불안은 사람을 지배하는 데 사용되기도 한다. 불안에는 '상대역'이 있다. 불안은 마음속에서만 일어나는 감정이 아니라, 불안이 향하는 대상이 있다. 혼자 잠자던 아이는 한밤중에 잠에서 깼을 때 옆에 부모가 없다는 걸 알면 갑자기 울기 시작한다. 부모는 아이가 주변에 아무도 없다는 데 불안을 느껴 울음을 터뜨렸다고 생각하겠지만 실은 그렇지 않다는 걸 금방 알 수 있다. 왜냐하면 부모가 들어와 방의 불을 켜도 아이는 울음을 멈추지 않기 때문이다. 아이가 보이는 불안의 목적은 부모로 하여금 자신을 돌보게 해 부모를 지배하려는 것이다. 즉, 아이의 불안이 향하는 상대는 부모다.

아이뿐 아니라 어른도 마찬가지다. 대개는 불안을 호소하는 사람을 그냥 내버려 두지 못한다. 특히 죽고 싶다고 호소하는 사람을 모른 척할 수는 없다.

아들러는 타인을 '착취의 대상'으로 삼는 사람들에 관해 이야기했다. 타인에게 관심이 있는 사람은 슬퍼하는 사람이나 괴로워하는 사람에게 뭔가 자신이 해 줄 수 있는 일이 없는지 생각한다. 자신이 주지는 않으면서 언제나 남에게 도움 받기는 당연하게 여기는 사람은, 남을 도우려는 사람을 착취의 대상으로 삼아 그 사람의 공헌감을 빼앗으려 한다.

"다른 사람에게 자신의 인생을 지탱해 주기를 요구하는 사람이 항상 문제다. 상대가 단지 불안을 지탱해 주기만 원하는 것 같아도, 사실은 지배적 관계를 구축하려는 시도일 뿐이다."(알프레드 아들러,《아들러의 인간이해》)

아들러는 불안을 호소하며 도움을 원하는 사람과 도움을 주고 싶어 하는 사람 사이에 지배적인 관계가 이루어진다고 보았다. 도움을 바라는 사람이 지배하는 것이다.

불안은 처음에는 사람을 자기 쪽으로 끌어당기지만, 언제까지나 자력으로 아무것도 하려 들지 않으면 힘이 되어 주려 했던 사람마저도 떠나간다.

누구나 어릴 때는 끊임없이 부모의 도움을 필요로 한다. 자신이 무력하다고 여기는 아이는 한밤중이 아니라도 불안해질 때가 있다. 그래도 조금씩 스스로 할 수 있는 일이 늘어나 부모의 도움이 없어도 대부분의 일을 할 수 있게 된다. 하지만 성장 과정에서 자립하는 데 실패하는 경우가 있는데, 이는 부모의 대응과도 관련이 있다. 아이가 본래 혼자 해야만 하는 일이나 할 수 있는 일까지도 부모가 대신해 주기 때문이다.

불안해져서
결정 내리기를 주저하는 것이 아니라,
결정을 내리지 않으려고
불안해지는 것이다.

"아이는 안전하지 않은 상태에서 빠져나오려고 노력할 때 실패해서 비관적인 인생관을 갖게 될 위험이 항상 있다. 그때 당연한 듯 주변 사람의 도움과 배려를 바라는 성격 특성이 발달한다."(알프레드 아들러, 《아들러의 인간이해》)

부모는 아이가 무슨 일을 해도 잘 되지 않고 실패할 거라는 비관적인 인생관을 갖지 않게 도와줘야 한다. 어떻게 하면 도울 수 있을까? 어떻게 해야 비관적인 인생관을 갖지 않고 살 수 있을지는 뒤에 생각해 보기로 하자.

삶의 유한성에 대한
직시

철학자 미키 기요시는 우울, 방황, 초조 같은 일상의 심리와 구별해서 '형이상학적 불안'에 관해 논했다(미키 기요시, 〈셰스토프적 불안에 관하여〉, 《미키 기요시 전집三木清全集》 제11권).

사람들은 대부분 아무 일도 없으면 자신이 살아가는 일에 대해 아무 의문도 품지 않는다. 내일이라는 날이 오리라는 것을 조금도 의심하지 않고 몇 십 년 후까지의 인생을 설계하기도 한다. 사람들은 '100세 시대'라는 말을 들으면 노후를 걱정한다. 그런 사람은 장수하기를 바라고 또한 장수할 거라 생각하고 싶겠지만, 실제로 노후를 살 수 있을지는 알 수 없다. 50세 생일을 맞은 사람이 인생의 반환점을 지났다고 하는 말을 듣고 어떻게 앞으로 50년을 더 살수 있을 거라고 천진하게 생각할 수 있는지 놀란 적이 있다. 지금까지의 인생에서 큰 병을 앓은 적이 없기에 자신도 장수할 거라고 막연히 생각하는 것이겠지만, 실은 진작에 인생의 반환점을 돌았을지도 모를 일이다.

그렇게 아무 근거 없이 자신은 장수할 거라고 믿던 사람도 어느날 갑자기 고열로 몸져눕기도 하고, 지진이 일어나 금세 불안에 휩싸일 수도 있다. 코로나19로 인해 지금까지 당연했던 일상이 이토록 불가능해질 거라고는 아무도 예상하지 못했던 것처럼 말이다.

이제 기존의 생활을 유지할 수 없게 되었을 뿐만 아니라, 그동안 병과는 거리가 멀고 건강했던 사람도 언제 감염될지 알 수 없다. 이런 상황이 되고 보면 누구든 인생의 반환점을 지났다는 말은 할 수 없을 것이다. 물론 무슨 일이 있어도 전혀 동요하지 않고 남의 일처럼 살아갈 수 있는 사람도 있다. 그런 사람이라면 이 책을 집어들일도 없겠지만 말이다.

프랑스 철학자 블레즈 파스칼은 이렇게 말했다.

"인간을 무너뜨리기 위해 전 우주가 무장할 필요는 없다. 한 번뿜은 증기, 한 방울의 물이라도 인간을 죽이기에 충분하다."(블레즈 파스칼, 《팡세》)

전 세계를 뒤흔든 코로나19 바이러스는 육안으로 보이지 않고 어디에 잠복해 있는지도 알 수 없다. 그런데도 인간의 생활 양상을 단번에 뒤바꿔 놓았다. 이 바이러스는 인간의 몸에 침입해 증식하지만 인간을 공격할 의도는 없다. 흔히 바이러스와 '싸운다'거나 바이러스와의 싸움에서 '승리한다'는 식으로 말하기도 하지만, 바이러스는 적이 아니므로 전쟁은 일어나지 않는다. 우주가 인간을 뭉개 버리기 위해 코로나19 바이러스로 무장하고 싸움을 걸었을 리는 없다. 다만 바이러스가 인간에게 싸움을 걸 의도가 없다 하더라도 누구든 언제 감염될지 몰라 불안해하고, 실제 감염될 경우 미키 기요시의 말을 빌리면 다음과 같은 상황이 된다.

"우리가 그 위에 똑바로 서 있다고 생각하던 지반이 갑자기 갈라지고 심연이 열리는 것을 느낀다."(미키 기요시, 〈셰스토프적 불안에 관하여〉, 《미키 기요시 전집》 제11권)

감염증뿐 아니라 다른 질병에 걸려도 이런 감정을 느낄 수 있다. 사고나 재해를 당했을 때는 물론이고, 실제로 사고와 재해를 겪지 않아도 그런 재난을 당할 가능성이 있다는 생각만으로도 불안해진다.

그리고 이때 비로소 평소에는 가려져 있던 현실을 직시하게 된다. 인생이 앞으로도 계속 이어질 거라고 생각하고 있었지만 실상은 그렇지 않을지도 모른다. 당연히 장수할 거라 믿어 의심치 않았지만 내일이 오지 않을 수도 있다. 이런 현실을 깨닫고 앞이 보이지 않는 어둠 속에서 앞으로 과연 어떻게 될 것인가 하고 불안을 느꼈을 때, 그제서야 자신의 인생이 '무' 위에 서 있다는 것을 알게 된다. 미키 기요시는 자연 속에서 우리의 존재를 '중간자'라고 일컫고 자연에서 인간은 "무한에 비하면 허무이며, 허무에 비하면 전체이다. 그것은 무와 전체 사이에 존재하는 중간자다."(블레즈 파스칼, 《팡세》)라는 파스칼의 말을 인용했다(미키 기요시,《파스칼의 인간 연구》).

무한히 넓은 우주 전체에서 인간은 깨닫지 못할 정도로 허무하고 작은 존재다. 한편으로는 허무하다고도 할 수 있는 마이크로micro 세계에서 인간은 거체巨体이자, 하나의 전체라고 할 수 있다.

이렇듯 미키 기요시가 말하는 형이상학적 불안을 느끼는 것은 인생의 현실을 아는 일이며, 반대로 만약 이 불안을 느끼지 못한다면 인생의 현실이 보이지 않는다는 의미다. 현실을 아는 것은 두려운 일이지만 우리는 이 현실을 출발점으로 해서 어떻게 살아가야 할지를 생각해야 한다.

불안을 가리는
위락

앞으로의 인생을 알 수 있다고 생각하는 사람은 지금까지 인생에서 좌절을 맛본 적이 없을지도 모르지만, 그렇다고 해서 '심연이 열리는' 일이 절대 일어나지 않을 거라고 확신하지는 못할 것이다. 어쩌면 인생이 '무' 위에 서 있다는 사실을 알면서도 인정하고 싶지 않을 뿐인지도 모른다. 가진 게 아무것도 없으면 무슨 일이 일어나도 동요하지 않을 수 있겠지만, 인생을 살면서 좌절해 본 적 없이 성공만 이뤄 온 사람이라면 아무것도 갖지 않은 사람보다 더 자신이 가진 것을 잃게 될까 두려울 게 틀림없다.

그래서 불안을 외면하기 위해, 혹은 불안해져도 바로 잊을 수 있도록, 파스칼의 말을 인용하자면 '위락慰樂'에 몰입한다. 위락 divertissement은 현실에서 주의를 돌리는divertir 일로, 이에 대해 미키 기요시는 다음과 같이 말했다.

"모든 위락에 공통하는 이유는 우리가 처해 있는 비참한 상태에서 눈을 돌려 다른 곳으로 향하게 하려는 삶의 충동에 있다."(미키 기요시,《파스칼의 인간 연구》)

위락이라고 번역한 '디베르티스망divertissement'은 '기분 전환'이나 '오락'이라고도 표현할 수 있는데, 미키 기요시는 생활과 오락의 대립을 없애야 한다고 강조했다.

"생활을 고통으로만 느끼는 인간은 생활 외에 오락을 추구한다."(미키 기요시,《인생론 노트》)

하지만 미키 기요시는 "생활을 즐길 줄 알아야 한다."(미키 기요시,《인생론 노트》)라고 말하며, 생활 자체에서 즐거움을 찾아낸다면 다른 오락을 찾지 않아도 된다고 주장했다. 오락을 통해 불안에서 눈을 돌리지 않아도 생활을 즐길 수 있게 된다는 것이다.

그렇다 하더라도 앞으로의 인생에서 무슨 일이 일어날지가 보이지 않으면 역시 사람은 불안해진다. 불안하면 생활을 즐길 수 없다. 불안을 어떻게 마주해야 생활을 즐길 수 있을지 생각해 보자.

2.

팬데믹과 불안

"바이러스는 인간에게 적이 아니므로
싸워야 할 대상이었던 적이 없으며 전쟁이 되지 않는다.
병을 미워하거나
질병을 정복해야 하는 싸움 상대로 보는 관점은
결국 질병만이 아니라 환자에게도
오명을 씌우게 되는 것이다."

- 수전 손택

팬데믹,
무엇이 문제인가?

전 세계를 휩쓴 코로나19 바이러스의 확산은 우리에게 커다란 불안을 야기했다. 바이러스가 만연하는 세계에서 우리는 어떻게 희망을 품고 살아갈 수 있을까.

팬데믹pandemic은 코로나19처럼 세계 여러 지역에서 동시에 유행하는 전염병을 일컫는 용어로, '모든 사람'을 의미하는 고대 그리스어 '팬데모스pandemos'의 어원에서 유래했다. 즉, 팬데믹은 한 국가에만 덮친 재난이 아닌, 전 세계 모든 사람들에게 닥친 재난이다. 한 나라에서 벌어진 감염 대책의 실패는 이제 그 나라만의 문제가 아니라 전 세계에 영향을 미친다. 또한 앞으로 어떻게 될 것인가 하는 불안 역시 전 세계 모든 사람이 공유하고 있다.

반면 이런 코로나19 위기 상황을 낙관적으로 보는 사람도 있다. 백신만 있으면 불안이 곧 해소될 거란 것이다. 하지만 백신이 얼마나 빨리 공급될지 처음부터 알 수 있을까.

물론, 언젠가는 이 바이러스도 옛것이 되는 날이 오겠지만, 그날이 당장 오늘내일이 아닌 이상 바로 해결되지는 않는다는 걸 전제로 앞으로 어떻게 살아가야 할지를 생각해야 한다.

이 상황을 낙관적으로 생각하는 사람들은 지금 일어나고 있는 일련의 상황들을 남의 일처럼 바라본다. 자신은 절대 감염되지 않을 거라고 생각하는 사람은 감염 위험이 있더라도 경제는 돌아가게 해야 한다고 말하기도 한다. 당연히 사람들의 생활을 위해 정부가 대책을 강구해야 하겠지만, 생명과 경제를 저울질해 경제를 우선해야 한다는 발상은 잘못된 생각이다.

또한 경제가 원활히 돌아가야 한다고 주장할 때의 그 경제는 일부 사람들만의 이익이라고밖에는 보이지 않는다. 생명의 리스크를 무릅쓰고라도 해야만 하는 일은 없다. 누군가 감염되고 그로 인해 죽어도 어쩔 수 없다는 사고방식은 위험하다. 누구도 다른 사람을 위해 희생되어서는 안 되기 때문이다.

대부분의 사람들은 지금 당장은 아무 증상 없이 건강하다 하더라도 코로나19 확진자 수가 나날이 증가하고 있다는 뉴스를 접하면 자신도 언제 감염될지 모른다거나, 이미 감염되었을지도 모르며, 게다가 중증으로 사망할 수도 있다는 불안감에 사로잡힌다. 지금은 누구나 감염자일 가능성이 있다고 봐야 한다. 다만 아직 증상이 나타나지 않은 잠재적인 감염 환자인 것이다. 아마 자신만은 절대로 감염되지 않을 거라는 근거 없는 자신감을 가진 사람이라도 가족이나 직장 동료가 확진되면 불안이 생길 것이다.

누구나 환자일 가능성이 있다는 건 다른 질병도 마찬가지다. 젊은이나 건강한 사람이라도 언제 병에 걸릴지 모른다. 건강하게 일하던 사람도 병에 걸리면 일을 못하게 될 수 있다. 병이 나으면 직장에 복귀할 수도 있겠지만 비정규직이라면 그마저도 어려울 것이다. 그렇게 일자리를 잃게 되면 앞으로의 생활에 대한 걱정 때문에 또 불안해진다.

다른 질병 역시 언제 나을지 정확히 예상할 수는 없지만 대개의 병은 나을지 아닐지, 그리고 낫는다면 얼마나 걸릴지를 어느 정도는 알 수 있다. 그렇다고 해도 이 역시 어디까지나 일반론적인 정보일 뿐이라 정확하다고는 할 수 없으며, 금방 나을 거라고 생각했지만 중증이 되어 죽음에 이르게 되기도 한다. 이미 잘 아는 질병도 이럴진대 미지의 바이러스이기까지 하면 전문가도 알지 못하는 부분이 많기 때문에 급격히 악화되기가 쉽다.

코로나19의 가장 큰 문제 중 하나는 감염이 언제까지 계속될지 예측조차 하기 어렵다는 것이다. 백신 접종이 이루어지고 있어도 안심할 수만은 없다. 얼마나 감염 방지에 효과가 있는지도 잘 모르겠다. 대체 언제쯤 원래의 생활로 돌아갈 수 있을까.

둘째는 코로나19는 다른 질병과 달리 전염성이 있다는 것이다. 감기나 다른 질병과 비교했을 때 사망자가 특히 많은 건 아니라고 하는 사람들도 있는데, 코로나19가 어떤 것이든 어쨌든 전염은 된다. 누군가 감염되면 그 사람에게서 또 다른 사람에게 옮아가게 된다.

16세기 후반에서 17세기에 걸쳐 영국에 페스트가 창궐했을 때, 당시 사람들은 행복한 사람은 페스트에 걸리지 않는다, 마음이 행복한 상태라면 질병이 피해 간다고 믿었다. 꺾이지 않는 담력과 정신력만 있으면 감염을 막을 수 있고, 의지로 병이 낫는다고 생각했던 것이다.

코로나19와 관련해서도 여전히 자신은 감염되지 않을 거라고 생각하는 사람이 많지만 미국의 작가 수전 손택은 질병을 심리학적으로 설명하려는 현대의 경향을 다음과 같이 꼬집었다.

"심리학으로 거론하기만 하면 인간이 실제로는 거의, 혹은 전혀 어찌할 수 없는 질병 같은 일이나 경험을 모두 제어할 수 있다고 생각하는 것 같다."(수전 손택,《은유로서의 질병》)

수전 손택은 '물질적일 뿐인 현실'인 질병을 이렇게 심리학적으로 이해하는 것은 질병의 '현실성'을 깨뜨리는 일이라고 지적했다.

셋째는 사람은 '단지' 병에 걸린 것뿐인데 이를 두고 의지가 약해서, 또는 벌을 받은 것이라는 식으로 쓸데없는 의미를 부여한다는 점이다. 코로나19에 진다고 말하는 것도 마찬가지다. 그런 해석은 코로나19에 감염된 사람에게 사회적 제재를 가하는 것이나 다름없다. 코로나19와 같은 위기 상황에서는 행동이 제한되고, 그럼에도 불구하고 감염될 수도 있다는 불안 속에 있는데 거기에 감염되면 다른 사람들이 어떻게 생각할까, 사회적인 제재를 받을지도 모른다는 불안까지 따라다닌다.

아무리 감염 예방을 위해 해야 할 일을 다 한다고 해도 절대 감염되지 않으리란 보장은 없다. 그런 의미에서 감염은 불가항력이다. 그런데도 다른 사람에게 폐를 끼쳤다며 감염된 자신을 자책하는 사람이 있다. 실제로 감염된 사람이 질책을 받기도 한다.

이는 감염된 사람을 곤경에 빠뜨린다. 모두에게 폐를 끼쳤다는 생각에 스스로 목숨을 끊은 사람도 있다. 아무리 조심해도 막을 수 없기 때문에 불가항력이라고 하는 것인데도, 외출을 자제해야 하는데 외출해서 감염됐다느니, 회식해서 감염됐다느니 하는 이유로 개인의 책임이라는 식의 비난을 받는다. 감염될 수 있다는 걸 알면서도 마스크를 쓰지 않았거나 회식을 한 것이니 자업자득이라고 생각하는 사람도 있을 것이다. 하지만 실제 감염 경로는 알 수 없는 경우가 많다.

감염자와 접촉한 사람도 밀접접촉자로 판명되면 격리돼 출근하지 못하고, 그로 인해 주변에 큰 폐를 끼치게 된다. 물론 여기서 '폐'라는 것도 왜곡된 의미가 부여된 말이다. 그렇게 치면 코로나19에 감염된 사람은 회복이 된다고 해도 사죄해야 하는 상황이 벌어진다. 원해서 감염된 사람이 있을 리가 없으니 당연히 사죄할 필요가 없는데도 말이다. 다른 질병의 경우, 치료를 위해 입원했던 사람이 퇴원하면 모두 기뻐해 주는 분위기와는 사뭇 대조적이다.

사랑하는 사람을 저세상으로 떠나보낸 사람이 "코로나19가 증오스럽다."라고 말하는 것을 들은 적이 있다. 바이러스는 인간의 신체에 침입해 증식하지만 공격하려는 의도가 있는 건 아니다. 질병은 예로부터 악의 은유로, 의료인뿐만 아니라 사회 전체가 병과 '싸운다'는 군사적 은유로 사용돼 왔다. 하지만 바이러스는 인간에게 적이 아니다. 따라서 싸워야 할 대상인 적이 없으니 전쟁은 성립되지 않는다. 병을 미워하거나 질병을 정복해야 하는 싸움 상대로 보는 관점은 결국 질병만이 아니라 환자에게도 오명을 씌우게 되는 것이다(수전 손택, 《은유로서의 질병》).

바이러스뿐만 아니라 바이러스에 감염된 사람까지 이렇게 불명예를 안게 되면 감염된 사람은 증오의 대상이 되고 감염된 사실로 인해 힐난을 받게 된다. 그래서 감염된 사람이 회복이 돼도 사죄해야 하는 상황이 벌어지는 것이다.

감염될지도 모른다는 불안보다 사회적 제재를 받는 건 아닐까 하는 불안이 더 크다고 할 정도다. 우선 이 불안에 관해 분명히 말해 두자면, 누구나 감염될 수 있는 것이므로 사죄하지 않아도 된다.

무엇을
할 수 있을까?

코로나19와 관련해 불안을 느끼지 않기 위해서 진실을 외면하는 건 좋은 방법이 아니다. 눈을 감는다고 두려움이 사라지는 건 아니기 때문이다. 불안에서 도피하고자 진실로부터 눈을 돌리거나 근거 없는 낙관주의는 오히려 불안을 증폭시킨다. 그럼 어떻게 해야 할까?

우선, 진실을 알아야 한다. 다른 질병도 마찬가지다. 자신의 병에 관해 진실을 알기란 두려운 일일지도 모른다. 하지만 진실을 알아야 비로소 적절하게 대처할 수 있다.

코로나19는 누구나 반드시 감염되는 건 아니며 감염되었다고 해서 꼭 중증이 되는 것도 아니다. 한편 젊은 사람도 중증이 될 수 있다는 게 밝혀진 이상 결코 누구도 낙관적인 희망을 품을 수 없다. 증상이 없더라도 이미 감염돼 다른 사람에게 옮겼을지도 모를 일

　　　　　　　　　　　　　　　　　　　　2. 팬데믹과 불안

이다.

바이러스와 관련된 이야기는 전문가가 아닌 이상 섣불리 입 밖에 내서는 안 된다는 말이 있다. 물론 맞는 말이다. 전문가가 아닌 사람이 잘못된 정보를 퍼뜨려 불안을 부추기는 일이 생겨서는 안 되기 때문이다. 하지만 현재 얻을 수 있는 정보는 설령 전문가가 하는 말일지라도 꼭 옳다고만은 할 수 없다. 미지의 바이러스이므로 누구나 잘못 판단할 수 있다. 게다가 문제는 정치가가 항상 전문가의 식견에 따라서 감염 예방 대책을 세우지는 않는다는 점이다. 생명보다 중요한 건 없는데도 생명을 희생시키고 경제를 우선하는 방침이 이상하다는 것쯤은 전문가가 아니더라도 누구나 알 수 있다.

둘째로 코로나19에 관해 지나치게 비관적으로 생각해서는 안 된다. 코로나19를 감기 같은 것이라고 말하는 사람들이 있다. 그들은 자신이나 가족이 감염될 수도 있다는 생각은 전혀 하지 않는 듯하다. 이렇게 너무 낙천적인 사람은 지금 할 수 있는 일들을 하지 않는다. 반대로, 뭘 하든 어쩔 수 없다고 생각하는 비관적인 사람 역시 아무것도 하려 들지 않는다. 코로나19는 태풍처럼 그냥 기다리면 지나가는 것이 아니다.

셋째로 지금 우리의 삶은 '임시 인생'이 아니다. 코로나19가 진정되면 다시 예전 같은 생활을 할 수 있겠지만 그때까지는 여러 인내를 강요받는다. 인생이 원래 이런 것이라고 생각해서도 안 되지만 단순히 비상시라고만 생각하는 것도 문제다. 사실 지금까지도 앞날이 어찌 될지 보이지 않으면서 마치 보이는 것처럼 느꼈던 것

감염될지도 모른다는 불안보다
사회적 제재를
받는 건 아닐까 하는
불안이 더 크다고 할 정도다.

뿐이다.

병에 걸린 일을 계기로 인생에 대한 시각을 바꾸는 사람들도 있다. 앞에서 이야기했지만 지금까지와 다른 게 있다면 누구나 환자일 가능성이 있다는 것이다. 자신도 감염될지 모른다는 불안을 느낌으로써 우리는 병에 걸리지 않아 보고는 알지 못했을 사실까지도 동시에 알게 됐다. 다른 병에 걸렸을 때도 마찬가지이지만 만약 그렇게 해서 앞으로 어떻게 살아갈지 마음가짐과 삶의 방식을 돌아보고 바꿨다면, 원래의 모습으로 되돌아가서는 안 된다.

코로나19
이후의 일

현재 상황이 언제까지 지속될지 알 수 없으며 팬데믹도 이번이 마지막은 아닐 것이기에 코로나19 이후를 내다보고 생각해야 할 점이 하나 있다. 내가 우려하는 건 강한 리더가 나타나는 일이다.

아들러는 '격동을 겪고 있는 불안의 시대'에 강인한 리더의 등장을 허용하고 있는 것처럼 보인다. 그런 리더를 '거만하다'고 지적하며 "과도한 적대적 공격성이나 행동이 숨어 있지만 않다면 어느 정도 받아들일 수 있다."(알프레드 아들러, 《아들러의 인간이해》)라고 말한 것을 보면 무조건 긍정하는 건 아닌 듯하지만 말이다. 그러나 일시적일지라도 평소와 다른 리더가 필요하다고 여기는 건 다음과 같은 이유에서 문제라고 생각한다. 강한 리더는 이렇게 생각할 것이다.

"인생은 '어떻게 하면 내가 모든 사람보다 뛰어날 수 있을까.' 하는 영원한 싸움일 뿐이다."(알프레드 아들러,《아들러의 인간이해》)

이때 모든 사람보다 뛰어나다는 말은 '모든 사람 위에 선다'는 의미다.

"국민이 격동 속에 휘말린 불안한 시대에는 이런 성격을 지닌 사람이 나타나는데, 그들이 상층부로 올라가는 것은 본래 당연하다. 왜냐하면 그들은 지배에 걸맞은 행동과 태도, 동경을 품고 있으며 더욱이 대체로 그에 필요한 준비 작업과 자질을 갖추고 있기 때문이다."(알프레드 아들러,《아들러의 인간이해》)

설령 그렇다 하더라도 지금이 특별한 시대라고 '거만한' 리더를 허용하는 건 위험하다. 정말 뛰어난 리더라면 평온한 시기이든 불안한 시기이든 사람들 위에 설 필요가 없다.

코로나19 시기에는 생명과 자유가 대립하고 감염 확산을 막을 수 있는 강인한 리더가 지지받기도 한다. 그러한 리더의 지휘 아래서 록다운lock down(일본은 실시하지 않지만) 조치 등으로 개인의 자유가 제한되기도 한다. 염려되는 건 일시적으로라도 강한 권한을 손에 쥔 정치인 등의 지도자가 팬데믹 종식 후에도 권력을 내려놓지 않는 건 아닐까 하는 점이다.

더욱이 문제는 그러한 리더가 지지를 받는다는 데 있다. 이는 항상 가장 중요한 역할을 맡아 하면서 모든 사람들의 위에 서려는 리더에게 앞장서 복종하는 사람이 있기 때문이며, 아들러는 이러한 사람을 가리켜 '비굴한 사람'이라고 불렀다.

"그런 사람들은 몸을 굽히고 다른 사람의 말에 주의를 기울이지만, 그것은 자신이 들은 말을 숙고하기 위해서가 아니라 오로지 동의하고 그 지시를 실행하기 위해서다."(알프레드 아들러,《아들러의 인간이해》)

비굴한 사람은 명령을 받지 않으면 아무 일도 하지 않는다. 그들에게는 복종하는 것만이 '인생의 법률'이다. 그런 사람이야말로 앞서 말한 거만한 사람에게 자발적으로 복종하려 들며 자신들을 지배하는 사람에게 과도하게 높은 평가를 매긴다. 그리고 위에 선 리더는 자신이 적절한 평가를 받고 있다는 착각에 빠지고 만다.

리더를 지나치게 높이 평가하는 사람은 문제가 발생하면 리더를 책망한다. 정치가의 말을 빌릴 필요도 없이 코로나19 위기를 극복하기 위해서는 자조自助와 공조共助가 필수적이지만 본래는 협력해서 문제를 똑바로 마주해야 한다. 이는 대등한 관계가 아니면 할 수 없는 일이다.

아들러는 사람들의 위에 서려고 하는 사람을 '심연 앞에 서는 사람'이라고 했다. 이는 그들도 실패할 때가 있다는 말이지만 위험을 개의치 않고 심연을 향해 뛰어든다면 당해 낼 수 없다.

3.

대인관계와 불안

"어떠한 정념이든
천진난만하게 드러날 때
항상 어떤 아름다움을 지니고 있다.
그런데 질투에는
천진난만함이 없다."

— 미키 기요시

모든 고민은
대인관계에서 시작된다

앞에서 언급했듯 아들러는 "모든 고민은 대인관계에서 비롯된다."고 강조했다. 사람들과 어우러져 살다 보면 마찰이 생기는 상황을 피하기 어렵다. 그러니 이토록 골치 아프고 힘든 대인관계를 피하려는 사람이 있는 것도 어찌 보면 당연하다. 사람들과 접촉하는 생각만 해도 불안해지는 사람들은 아들러의 사고에 비춰 말하면 대인관계를 피하기 위해 불안을 만들어 내는 것이다.

이렇게 만들어진 불안은 '인생의 과제'로부터 도망치는 행위를 정당화한다. 불안하기 때문에 인생의 과제를 수행할 수 없다며 타인을 이해시키고 자신도 이에 수긍한다. '불안하면 그 과제를 피하는 것밖에 방법이 없다.'라는 생각을 하기 위해 '불안'이 필요한 것이다. 학교에 가고 싶지 않은 아이가 복통이나 두통을 학교에 가지 않을 이유로 삼는 것과 같은 맥락이다.

사람은 대인관계에서 괴로운 일을 경험했기 때문에 불안해지는 것이 아니라, 대인관계를 피하기 위해 불안을 만들어 낸다. 불안의 목적이 바로 여기에 있다. 대인관계에서 생기는 어려움을 피하고 싶은 사람이 그 구실로서 불안을 내세우며, 대인관계의 어려움은 대인관계를 피하는 계기가 된다.

오사카 이케다에서 아동 살상 사건이 발생한 후, TV 인터뷰에서 한 정신과 의사가 이 사건에 관련된 아이들은 당장은 괜찮더라도 앞으로 인생의 어느 단계에서 '반드시' 문제가 일어날 거라고 발언했다는 이야기를 앞에서도 소개했다.

하지만 '반드시' 문제가 일어나는 것도 아니고, 사건을 목격한 일이 문제의 원인이 되는 건 더더욱 아니다. 이 사건 당시 다행히 무사히 살아남은 초등학생이 성인이 되어 결혼을 했다고 하자. 결혼 생활 중 관계가 원만하지 않을 때, 그 정신과 의사의 말이 떠오를지도 모른다. 하지만 그 사건 현장에 있었다는 사실이 원만하지 않은 결혼 생활의 원인이라고 할 수는 없다. 문제는 두 사람이 '지금' 어떤 관계를 맺고 있는가에 있다. 과거에 어떤 경험을 했는지는 지금 두 사람의 관계에 전혀 관련이 없다.

과거의 경험에서 현재 일어난 문제의 원인을 찾는 것은, 아들러의 표현을 빌리면 '겉으로 보이는 인과율'이다. 마치 인과관계가 있는 것처럼 보이지만 실제로는 아무런 인과관계도 '없다'는 뜻이다.

만약 이런 식으로 과거에 사로잡혀 한때의 경험이 현재 삐걱거리는 대인관계의 원인이 되었다고 생각한다면, 앞으로 아무리 노력해도 소용없을 거라고 포기해 '현재'의 관계를 개선하기 위한 노력을 하지 않게 될지도 모른다. 이런 식의 발상은 지금 관계가 좋지 않은 데 대한 책임을 과거의 경험에 전가하는 데 지나지 않는다. 애초 '두 사람의 관계'인데 둘 중 '한 사람'의 '과거' 경험 때문에 '두 사람'의 '현재' 관계가 매끄럽지 못하게 된다는 건 이상하지 않은가.

이야기를 되돌려보자. 대인관계가 아무리 힘들다고 해서 아무와도 관계를 맺지 않고 살아갈 수는 없다. 그런데도 대인관계를 회피하고 싶은 사람은 불안을 대인관계 회피를 위한 구실로 삼는다.

앞에서 차에 치인 개의 사례를 들어 트라우마를 인생의 과제를 회피하는 이유로 삼는 것이 왜 문제인지를 살펴보았다. 사고를 당했던 장소에 가지 않았다면 그 장소에서 사고를 당할 일은 없었겠지만, 또 다른 장소에서 사고를 당했을지도 모른다. 하지만 사고를 당한 것이 '자신의 부주의'나 '무경험' 때문이라고 생각한다면 앞으로 사고를 당하지 않기 위해서는 무엇을 해야 할지 알 수 있다.

배우자나 연인과의 관계가 원만하지 않을 때 과거에 있었던 일을 문제 삼을 수 없다는 건 아니다. 다만 인과관계가 없는 일을 끄집어낸다고 해서 지금의 관계를 개선할 수는 없다는 말이다. 과거의 대인관계, 특히 순탄하지 않았던 대인관계를 돌이켜보고 현재도 다른 사람에게 똑같은 말과 행동을 되풀이하고 있지는 않은지, 지금은 어떻게 해야 좋은 관계를 맺을 수 있을지를 생각해야 두 사람의 관계를 회복할 수 있다.

타자가
적이 되는 순간

"주변 세계에 적대적으로 대하는 사람의 태도에서 불안의 특징을 찾아내기란 어렵지 않다."(알프레드 아들러, 《아들러의 인간이해》)

아들러는 타자를 자신과 적대 관계에 있다gegen고 보는 사람과 협력 관계에 있다mit고 보는 사람으로 구분했다. 전자에게 타자는 '적'이고, 후자에게 타자는 '동지'다. 동지에 관해서는 뒤에서 다시 언급하겠다.

주변 사람들이 모두 나를 함정에 빠뜨리거나 자칫 방심했다가는 큰 위해를 가할 사람들일 리는 없다. 실제로 적인 것이 아니라 자신이 적으로 여기고 있을 뿐이다. 그렇다면 왜 적으로 보는 걸까? 여기에도 목적이 있다.

바로 타자와 관계를 맺지 않기 위해서, 적극적으로 교류하지 않기 위해서다. 타자가 실제 적이기 때문에 상대하지 않으려는 게 아니라, 타자와 연관되지 않으려고 적으로 간주하는 것이다.

타자를 적으로 보면 지금 사이좋은 사람과의 관계도 곧 물거품이 되고 만다. 연애를 예로 들어 보자. 자신의 마음이 상대에게 전해져 좋은 관계가 유지되기를 바라지 않는 사람은 없을 것이다. 하지만 고백을 했는데도 받아 주지 않는다거나 사귀다가 배신을 겪고 나면 타자를 적으로 여기게 된다. 이후 새로운 사람과 사귀게 되더라도 '지금은 나를 사랑한다고 말하지만 또다시 똑같은 상황이 벌어지는 게 아닐까.' 하고 불안해진다. 그리고 불안한 마음에 굳이 관계가 나빠질 말을 내뱉게 된다. "나 말고 좋아하는 사람 있는 거 아냐?" 이런 질문을 던지는 것이다. "말도 안 돼."라는 대답을 들었지만 한번 고개를 든 불안은 사그라지지 않는다. 그럼 상대방의 입장에서는 아니라고 해도 자꾸 같은 질문을 하니 불쾌한 기분이 들고, 결국엔 얼토당토않은 트집을 잡는 그 사람에게서 마음이 떠나고 만다. 그렇게 상대방으로부터 헤어지자는 말을 듣고 나면, '역시 내 생각이 맞았어. 이 사람도 내 적이었던 거야.' 하게 된다. 이런 사람들은 언제 이 관계가 끝날지 모른다는 불안을 느끼며 관계를 유지하기보다는 끝냄으로써 오히려 불안을 해소하려 한다.

상대에게 책임을 전가하는 것도 문제다. 가령 나는 잘못한 게 없는데 상대에게 문제가 있다고 생각하고 싶은 것이다. 이건 앞서 언급한 개의 사례처럼 사고를 당한 원인을 장소 탓으로 돌리는 것과 같다.

상대에게서 원인을 찾는 게 아니라, 대인관계를 맺어 나가는 데 있어서 자신에게 뭔가 문제가 있는 건 아닌지를 되짚어 보고 관계를 개선하려 노력한다면, 불안해지지 않기 위해 사람 자체를 피하지는 않을 것이다. 타인을 적으로만 봐서는 안 된다. 적으로 보기 시작하면 적이라는 증거는 얼마든지 찾아낼 수 있다. 이번엔 질투를 예로 들어 생각해 보자.

질투의
속성

사귀고 있는 사람이나 배우자에게 유독 질투를 심하게 하는 사람이 있다. 질투하는 당사자는 상대를 사랑하고 있다고 생각하겠지만, 이 역시 사실은 상대를 적으로 여기고 있는 것이다.

미키 기요시는 질투를 '악마에게 가장 어울리는 속성'이라고 꼬집었다.

"어떠한 정념이든 천진난만하게 드러날 때 항상 어떤 아름다움을 지니고 있다. 그런데 질투에는 천진난만함이 없다."(미키 기요시, 《인생론 노트》)

미키 기요시는 다른 열정에 관해서는 좋은 점도 지적했지만 질투에 관해서만큼은 부정적으로밖에 언급하지 않았다. 사랑과 질투의 공통점은 어떤 정념보다도 '계략적'이고 '훨씬 지속적'이라는 데 있다. 사랑이라도 지속적으로 계략을 사용하면 결코 순수할 수 없다. 지속되지 않는 정념은 사람을 괴롭히지 않지만 지속되는 사랑과 질투는 사람을 괴롭힌다. 물론 관계가 좋고 사랑을 올바르게 이해하고 있다면 사랑이 사람을 괴롭히지는 않는다. 또한 미키 기요시는 '격렬하게 상상력을 발휘하는' 것도 사랑과 질투의 공통점이라고 밝혔다.

"사랑과 질투의 강점은 그것들이 격렬하게 상상력을 발휘하는 데 기인한다. 상상력은 마술적이다. 사람은 자신이 상상으로 만들어 낸 것에 질투한다. 사랑과 질투가 계략이라는 것도 그들이 상상력을 발휘하고 그 상상력에 휘둘려 움직이는 데서 생겨난다. 게다가 질투에서 상상력을 작동시키는 것은 그 안에 끼어든 어떤 사랑에 의해서다. 질투의 밑바닥에 사랑이 없고 사랑 안에 악마가 없다고 누가 알겠는가?"(미키 기요시, 《인생론 노트》)

사랑하는 사람도 질투하는 사람도 '격렬하게 상상력을 발휘한다'. 문제는 상대가 자신을 사랑하는 상황을 상상하는 게 아니라 자신을 사랑하지 않는 게 아닐까 하고 상상한다는 데 있다. 이렇게 상상하는 지점에서 그 사랑은 끝나게 되는데, 상대가 자신이 아닌 다른 누군가에게 마음을 빼앗긴 게 아닐까 하고 상상하는 사람은 질투를 한다. 또한 그렇게 질투하고 상대에게서도 질투를 받는 것을 사랑의 증거라고 믿는다.

미키 기요시는 질투가 상상력을 가동시키는 건 거기에 혼입되는 '어떤 사랑에 의해서'이며 애초에 사랑이 없으면 질투의 감정이 생겨나지 않는다고 했지만, 나는 사랑과 질투가 별개라고 생각한다.

상상력을 발휘시키고, 더구나 상대가 자신을 사랑하지 않는 게 아닐까 하고 상상하는 것은 질투하는 사람만이 하는 행동이다. 사랑하는 사람은 원래 질투하지 않는다. 상상한다고 해도 사랑받는 상상을 하겠지만, 사랑하는 사람에게는 그런 상상조차 필요하지 않다. 자신이 상대를 사랑하고 있다는 사실만이 중요하지 상대에게 사랑받고 있는지는 문제가 되지 않기 때문이다.

사랑받지 못하는 게 아닐까 하고 의심하게 되면 이번에는 상대의 행동을 감시하기 시작한다. 감시까지는 하지 않더라도 상대가 연락해 오는 빈도를 신경 쓰기 시작한다. 전에는 메시지를 보내면 바로 답장이 왔는데 요즘은 다음 날에서야 답장이 오느니 하면서 신경을 곤두세운다. 이러한 신경전은 상대와의 관계를 불편하게 할 뿐, 좋을 게 하나도 없다. 끊임없이 의심받고 감시당하는 상황을 달갑게 여길 사람은 없다. 미키 기요시는 다음과 같이 말한다.

"질투는 밖으로 나다니며 집을 지키지 않는다. 그것은 자신에 머물지 않고 끊임없이 밖으로 뛰쳐나가는 호기심의 중요한 원인 가운데 하나다. 질투가 섞이지 않은 천진한 호기심은 얼마나 드문가."(미키 기요시,《인생론 노트》)

미키 기요시는 질투가 밖으로 나다니고 집을 지키지 않으며 항상 바쁘다고 말했다. 질투하는 사람은 질투할 거리를 찾아다니며 좀처럼 안정하지 못한다. 사실은 사랑받고 있는데도 자신감을 갖지 못하고 사랑받지 못하는 건 아닐까, 행여 라이벌이 나타나지나 않을까 상상하며 언제나 불안에 사로잡힌다. 이는 자신감이 없다는 의미에서 열등감이며, 이때의 불안은 상대를 붙잡을 수 없을까 봐 두려워하는 사람이 만들어 내는 감정이다.

상대를 붙잡고 싶다 하더라도 상대는 자신의 소유물이 아니다. 아들러는 질투가 타자를 소유물로 여길 때 생긴다고 강조했다(카렌 드레서,《아들러의 말Adler Speaks》).

설령 물건처럼 상대를 자신의 곁에 붙잡아 둘 수 있다고 해도 상대의 마음까지 붙잡아 둘 수는 없으며, 상대의 마음은 결코 소유할 수 없다. 질투하는 사람은 사랑받지 못하는 증거를 끊임없이 찾아내려 한다. 그렇게 하면 어떤 일이든 자신이 사랑받지 못하는 증거로만 보인다. 상상력은 점점 더 부풀어 오르고 사랑받지 못하는 증거를 찾는 데만 몰입한다.

아들러는 다음과 같은 말도 남겼다.

"질투심은 다양한 형태로 나타난다. 불신, 몰래 엿보고 재 보는

3. 대인관계와 불안

행동, 무시당하고 있는 건 아닌가 하고 끊임없이 두려움을 보인다."(알프레드 아들러,《아들러의 인간이해》)

상대를 못 믿는 것이다. 자신보다 더 사랑하는 사람이 있는 건 아닐까 하고 불신을 품는다. 몰래 엿보고 재 본다고 할 때 '엿본다'는 건 '벼르고 기다린다'의 뜻으로, 상대의 행동을 몰래 바라보면서 자신과 타자를 비교하며 어느 쪽이 더 사랑받고 있는 건지 걱정한다는 의미다. 또한 '잰다'는 건 '측정한다', '저울질하다'의 뜻으로, 자신과 상대를 비교한다는 의미다.

질투의 감정은 자신이 사랑하는 사람을 사랑하고 있을지 모르는 라이벌에게로 향하기도 한다. 특히 그 사람이 자신보다 아름답다거나 젊다고 느낄 때 그렇다. 어떻게 하면 질투하지 않을 수 있을까. 아들러는 다음과 같이 말한다.

"질투하는 사람은 상대를 헐뜯거나 혹은 상대를 지배하기 위해 누군가를 속박하려 애쓰고 그 사람의 자유를 제한하려고 한다."(알프레드 아들러,《아들러의 인간이해》)

이렇게 계속해서 자신의 감시하에 두면 다른 사람에게 관심을 돌리지 못할 거라고 생각하지만 앞서 살펴보았듯 상대를 속박하면 두 사람의 관계는 오히려 어색해지고 만다. 그러므로 상대의 마음이 떠나가지 않게 하려면 어떤 의미로든 더 이상 속박하지 말아야 한다. 철학자 모리 아리마사는 "사랑은 자유를 원하지만 자유는 필연적으로 그 위기를 심화시킨다."라고 말했다(모리 아리마사,《사막을 향해서砂漠に向かって》).

어떤 방법으로든 행동이 제한되면 상대는 자신이 신뢰받지 못한다고 생각한다. 반대로 속박당하지 않는다고 깨달을 때 사랑받고 있음을 느낀다. '사랑은 자유를 원한다.'라는 건 바로 이런 의미다.

그러나 안타깝게도 자유로워진 배우자나 연인이 다른 사람에게 마음을 빼앗길 일은 없다고 단정하긴 어렵다. '테네시 왈츠'라는 곡이 있다. 이 곡의 가사는 연인과 테네시 왈츠에 맞춰 춤을 추고 있을 때 우연히 만난 오랜 친구에게 그를 소개했는데 두 사람이 춤을 추는 동안 그 친구가 자신의 연인을 빼앗았다는 내용이다.

질투가 '필연적으로' 사랑의 위기를 심화시키는 건 아니지만 속박은 사랑을 망가뜨린다. 상대가 나를 사랑하는지 아닌지는 상대가 결정할 일이고, 내가 할 수 있는 일은 상대를 사랑하는 것뿐이다. 나를 사랑할지 말지는 상대가 결정한다. 상대를 속박하고 나를 사랑해 달라고 애원한다고 해서 상대로 하여금 자신을 사랑하게 만들고, 상대의 마음을 붙잡아 둘 수는 없다.

사랑과
질투의 차이

질투는 연애에서만 일어나는 감정이 아니다. 미키 기요시는 다음과 같이 말했다.

"질투는 자신보다 높은 지위에 있는 사람, 자신보다 행복한 상태

　　　　　　　　　　　3. 대인관계와 불안

에 있는 사람을 향해 일어난다. 하지만 그 차이가 절대적인 것이 아니라 자신도 그 사람처럼 될 수 있다고 생각할 때 생기는 감정이다. 완전히 이질적인 점이 아니라 공통된 점이 있어야 성립한다."(미키 기요시,《인생론 노트》)

상대와 자신 사이에 절대적인 차이가 난다면 그건 질투할 일이 아니다. 손이 닿지 않는다거나, 발끝에도 미치지 못하는 사람은 질투의 대상이 되지 않는다. 하지만 자신과 비슷한 능력을 가졌다고 생각했던 사람이 무언가를 성취해 세상의 칭찬을 받으면 그 일을 순수하게 기뻐하지 못하고 심한 질투심을 느낀다.

'자신도 그 사람처럼 성공했을 수도 있다'는 건 '만약 똑같이 노력했다면 성공했을지도 모른다'는 가정하에서 하는 이야기다. 질투를 받는 사람의 입장에서는 "그럼 당신도 노력하면 되잖아?"라고 말할 수 있다. 하지만 질투하는 사람은 자신을 향상시키려는 노력은 하지 않는다.

"게다가 보통 질투는 질투 받는 자의 위치로 자신을 끌어올리려 하지 않고 오히려 그 상대를 자신의 위치로 끌어내리려고 한다."(미키 기요시,《인생론 노트》)

아들러는 이런 심리를 '가치 저감 경향'이라고 부른다. 현실적으로 노력해서 목표로 하는 사람과 동등하게 되거나 뛰어넘으려 하기보다 도리어 상대를 자신과 같은 위치로, 혹은 그 이하로 끌어내리려 한다. 그렇게 해서 상대적으로 자신의 가치를 높이려는 것이다.

사랑하는 사람이 마음을 줄지도 모른다고 생각되는 라이벌에게 질투를 할 때도 먼저 그 사람의 가치를 깎아내리려 한다.

"질투가 더 높은 곳을 목표로 하는 것처럼 보이더라도 이는 표면 상의 일이다. 본질적으로는 평균 상태를 지향하고 있다. 이 점에서 사랑이 그 본성에 따라 항상 더 높은 목표를 동경하는 것과는 다르 다."(미키 기요시,《인생론 노트》)

그래서 질투하는 사람이 자신보다 높은 곳을 목표로 하는 것처럼 보이더라도 그것은 겉모습만 그럴 뿐이고 사실은 더 높은 데 있는 상대의 발목을 잡아당겨 평준화하는 걸 목표로 하고 있다는 것이 다. 질투로는 자신을 높이려는 동기가 나오지 않는다.

한편 미키 기요시는 "사랑의 본성은 항상 더 높은 곳을 동경한 다."라고 강조했다. 동경함으로써 자신을 높이려 한다는 것이다. 사랑은 자신을 높이려는 방향으로 움직인다. 이 점이 질투와 사랑 을 구분하는 기준이다. 더 높은 곳을 동경하는 사랑에는 질투가 끼 어들 여지가 없다.

또한 미키 기요시는 사랑과 질투를 대상의 차이로 구분한다.

"질투는 특징적인 것 위에서 일어나는 것이 아니라 양적인 것 위 에서 일어난다. 특수하거나 개성적인 것은 질투의 대상이 되지 않 는다. 질투는 다른 것을 개성으로 인정할 줄도, 자신을 개성으로 이 해할 줄도 모른다. 사람은 일반적인 것에 질투한다. 이에 반해 사랑 의 대상은 일반적인 것이 아니라 특수하고 개성적이다."(미키 기요 시,《인생론 노트》)

이때 미키는 질투가 질적인 것이 아니라 양적인 것 위에서 일어난다고 했는데, 여기서 질적인 것은 '행복'이고 양적인 것은 '성공'이다.

"타인의 행복을 질투하는 사람은 행복을 성공과 동일하게 보는 경우가 많다. 행복은 각자의 것이며 인격적·특징적이지만 성공은 일반적이고 양적이라고 생각할 수 있다."(미키 기요시,《인생론 노트》)

양적인 성공은 사회적 지위나 수입처럼 비교할 수 있으며 또한 일반적이기에 질투를 받는다. 반면 질적인 행복은 특징적이고 특수하며 개성적이기에 질투를 받지 않는다. 한마디로 일반적인 행복이란 없으며, 어떤 사람이 느끼고 있는 행복을 타인도 똑같이 행복으로 여기는 건 아니다. 행복은 그 사람 고유의 것이며 다른 누구도 흉내 낼 수 없다.

앞서 살펴보았듯 사람은 자신도 어쩌면 이룰 수 있을 것 같은 정도의 성공을 손에 넣은 사람에게 질투한다. 여기서 미키 기요시는 질투가 양적인 것 위에서 일어난다고 지적했다. 이에 비해 개성적인 행복은 질적이며, 양적으로 비교할 수 없기 때문에 질투의 대상이 되지 않는다. 이렇게 생각하면 행복은 질적이므로, 앞서 인용한 미키 기요시의 말 중 "질투는 자신보다 높은 지위에 있는 사람, 자신보다 행복한 상태에 있는 사람을 향해 일어난다."는 주장은 엄밀히 말해 잘못됐다는 걸 알 수 있다. 다만 성공한 사람이 곧 '행복한 상태에 있는 자'라고 생각하는 사람은 성공한 사람에게 질투한다.

반면 사랑은 자신도 타인도 개성으로서 이해하기에 양적인 것과는 관계가 없다. 사랑을 하는 사람은 '다른 누구도 아닌 이 사람'을 사랑하는 것인데, 질투하는 사람은 자신의 지위를 위협할지도 모르는 '누군가'를 두려워한다. 라이벌이 나타났을 때도 이 사람의 개성이 아니라 아름다움이나 젊음과 같은 일반적 요소에 대해 질투한다. 질투는 일반적인 요소를 둘러싸고 일어난다는 점에서 미키 기요시는 다음과 같이 말했다.

"질투는 모든 인간이 신 앞에서 평등하다는 사실을 모르는 자가 인간 세계에서 평균화를 바라는 경향이다."(미키 기요시,《인생론 노트》)

질투하는 사람은 특정한 누군가의 성공을 질투하지만, 그 질투하는 상대를 개성으로 이해하지 못한다. 모든 인간이 신 앞에서 평등하다는 것은 모든 개성이 개성으로서 평등하다는 의미다. 질적인 속성이 있는 개성을 양적인 것으로 치환해 누군가의 가치를 깎아 내리려는 행위는 '악마에게 가장 어울리는 속성'인 질투다.

질투하지
않으려면

누군가와 사귀기 시작했을 때 상대가 아무리 사랑한다고 말해도, 사실은 사랑받지 못하고 있는 게 아닐까 하고 상대의 말을 믿지 못해 불안해지는 경우가 있다. 이는 자신감이 없기 때문이다. 자신감이 없기에 자기보다 더 멋진 사람이 나타나 결국 자신은 사랑받지

언제 이 관계가
끝날지 모른다는 불안을 느끼며
관계를 유지하기보다는 끝냄으로써
오히려 불안을 해소하려 한다.

못하게 될 게 틀림없다고 불안해하는 것이다. 상대의 마음이 떠나지 않게 하려면 어떤 의미에서든 상대를 속박하지 말아야 한다고 앞서도 강조했지만, 상대를 속박하는 행위 또한 자신감이 없기 때문이다. 라이벌(가상의 라이벌인 경우가 많지만)을 향한 질투, 또는 자신보다 뛰어나 보이는 사람을 향한 질투를 없애려면 어떻게 해야 할까. 미키 기요시는 다음과 같이 제시했다.

"질투심을 없애려면 흔히 자신감을 가지라고 말한다. 하지만 자신감은 어떻게 해야 생기는 것일까. 자신이 스스로 물건을 만들면 자신감이 생긴다. 질투로는 아무것도 만들 수 없다. 인간은 물건을 만들어 냄으로써 자기를 만들고 그리하여 개성이 생긴다. 개성적인 사람일수록 질투심이 없다."(미키 기요시,《인생론 노트》)

자신이 스스로 물건을 만듦으로써 자신감이 생기고 인간은 물건을 만듦으로써 자기를 만들며 그리하여 개성이 된다는 것이다.

자신이 만든 물건은 타인이 만든 물건과 비교할 수 없다. 그렇게 생각하면 다른 누군가가 만든 물건이 더 뛰어나다고 질투하지 않게 된다. 타인이 만든 것이 자신이 만든 것보다 뛰어나다는 생각에 모방해서 같은 작품을 만들었다 해도 그건 그 사람이 만든 것이지 자신이 만든 작품은 아니다.

그러나 아마도 모방해서 만들지는 않을 것이다. 질투로는 아무것도 만들 수 없다. 만들었을 때 좋은 평가를 받지 못할까 봐 두렵기 때문이다. 만들지 않으면 평가를 받을 일도 없으며, 만들지 않는다는 건 자신감이 없다는 이야기와 같다.

작품이 뛰어난지 아닌지는 양적으로 판정할 수 없다. 자신이 만든 것을 다른 사람이 만든 것과 비교할 수 없다고 여김으로써 자신이 개성적이라고 생각한다면, 타인이 만든 물건이 높은 평가를 받는다 해도 질투하지 않을 것이다.

여기서 '물건을 만든다'는 건 말 그대로의 의미만이 아니다. 미키 기요시는 다음과 같이 말했다.

"인간은 환경을 형성함으로써 자기 자신을 형성해 나간다. 이것이 우리 생활의 근본적인 형식이다. 우리의 행위는 모두 형성 작용의 의미를 갖고 있다. 형성한다는 것은 물건을 만드는 일이며 물건을 만든다는 것은 물건에 형태를 부여하는 일, 그 형태를 바꿔 새로운 형태의 물건으로 만드는 일이다."(미키 기요시,《철학입문》)

여기서는 환경을 형성하는 일을 '물건을 만드는' 일이라고 설명한다. 환경을 형성한다는 것은 환경에 작용한다는 의미다. 환경이란 자연에만 한정되지 않는다. 사회나 대인관계도 환경이다. 대인관계에 작용하는 것이 자신을 형성하는 일이 된다는 건 어떤 의미일까?

무언가 주변 사람들이 해 주기를, 혹은 하지 않기를 원하는 일이 있다면 어떤 방법으로든 자신의 생각을 전달해 보자. 아이라면 울거나 큰 소리를 내는 것으로 자신의 요구를 전달할 것이다. 아이는 그렇게 하지 않고는 살아갈 수 없다. 하지만 주변 사람들이 그런 행동을 그대로 받아들여 줄 리는 없다. 마침내 말을 할 줄 알게 돼 부모가 "울지 말고 말로 해야지." 하고 이끌면 아이는 더 이상 울지 않고 부모에게 원하는 것을 말로 전할 수 있게 된다. 그렇다고 부모가 아이의 요구를 모두 다 받아 줄지는 알 수 없지만 말이다.

미키 기요시가 "인간은 환경에 자극을 주고 동시에 환경에서 자극을 받는 관계를 형성한다."(미키 기요시,《철학노트哲学ノート》)라고 했듯이 이 자극도 일방적인 것이 아니다.

아이에게만이 아니라 환경에도 자극을 주고 관여해야 한다. 불만이 있거나 불합리한 일을 목격한다면 잠자코 있지 말고 목소리를 내야 한다. 시도한 행동이 꼭 받아들여지는 것은 아니지만, 그러한 경험을 거듭하는 동안 사람은 자기 자신을 형성해 간다.

부모-자식의 관계에서 언제나 부모가 말하는 대로 따르는 아이는 자기 자신을 형성하지 못하며 개성을 발휘하지도 못한다. 미키 기요시는 앞의 인용에 이어 다음과 같이 말했다.

"이렇게 환경에서 자극을 받으면서 동시에 자기를 잃지 않고 어디까지나 독립적이고 자율적인 자기집중적 관계가 이루어져야 한다."(미키 기요시,《철학노트》)

타인이 하는 말 중에도 당연히 옳은 것이 있겠지만, 반대 의견을 들었다고 해서 곧장 물러나는 태도는 바람직하지 않다.

"인간의 행위는 환경에 대한 적응인 동시에 다른 한편으로는 자기 자신에 대한 적응이다. 한편에서는 자신과 환경이 하나가 된다면 다른 한편에서는 자신과 자신이 동일하게 머문다."(미키 기요시,《철학노트》)

'독립적 개체'(미키 기요시,《철학노트》)로 존재하려면 누구에게 무슨 말을 들어도 양보하지 않는 자신감을 가져야 한다. 우리는 타자에게 자극을 주고 타자에게서 자극을 받는다. 타자에게 자극을 받더라도 자신은 여전히 변함없는 자신이며 타자의 자극으로 인해 자신을 형성한 것이다. 그렇게 해서 '개성'과 '자신감'도 생겨난다.

얼굴 없는
불안

앞에서 살펴보았듯, 아들러는 "모든 고민은 대인관계에서 비롯된다."라고 강조했는데, 현대 사회가 특히 안고 있는 문제는 바로 '사람'이 보이지 않는다는 점이다. 미키 기요시는 다음과 같이 말했다.

"옛날 사람들은 한정된 세계에서 생활했다. 그들이 사는 지역은 끝에서 끝까지 한눈에 내다볼 수 있었다. 사용하는 도구는 어디 사는 누가 만든 것이며 그 기술이 어느 정도인지도 알고 있었다. 또한 그가 얻는 보도나 지식만 해도 어느 곳의 누구에게서 나온 것이며, 그 사람이 얼마나 신용할 수 있는 사람인지 알려져 있었다."(미키 기요시,《인생론 노트》)

미키 기요시가 '옛날 사람들'로 어느 시대를 상정했는지는 모른다. 에도 시대 농촌을 염두에 두지 않았을까 싶지만, 최근에도 작은 촌락에서는 그곳에 살고 있는 사람들의 얼굴을 볼 수 있다. 벌써 40년도 더 지난 일인데, 친구 집에 일주일쯤 머문 적이 있었다.

그의 집은 옛날에 전투 패잔병들이 숨어 살았다는 촌락에 있었다.

그 마을에는 어느 집이나 자물쇠가 채워져 있지 않았다. 잠글 필요가 없었던 것이다. 내가 친구 집에 가던 날, 내 이야기는 순식간에 마을 전체에 알려졌다. 근대 공동체에서는 대부분 자신이 나고 자란 지역에서 계속 살며, 그 촌락과 마을 밖으로 나가지 않는 한 서로다 아는 사람이라는 친밀한 인간관계 속에서 생활했다.

이러한 사회에서는 지식과 행동, 이동과 통신, 사교가 한정되어 있으며 물건이든 사람이든 이름과 형태가 확실했다. 다시 말해, 그곳에는 개성이 있었다는 뜻이다. 미키 기요시는 이러한 사회에서는 인간 자신에게 확실한 형태가 있어 "인간에게는 성격이 있었다."라고 말한다.

하지만 현대인은 한정되지 않은 세계에서 살고 있다.

"오늘날 인간의 조건은 다르다. 현대인은 한정되지 않은 세계에 살고 있다. 나는 내가 사용하고 있는 도구가 어디 사는 누가 만든 것인지 모르며, 내가 믿고 있는 보도와 지식도 어디의 누구에게서 나온 것인지 알지 못한다. 모든 것이 익명일 뿐 아니라, 모든 것이 무정형하다. 이러한 생활 조건 속에서 살아가는 현대인 자신도 무명의, 무정형한, 무성격인 존재가 됐다."(미키 기요시, 《인생론 노트》)

이제는 도구도 지식도 그 출처를 모른다. 지금은 우리가 사용하고 있는 도구를 누가 만들었는지 알 수 없다. 지식도 마찬가지다. 인터넷에서 수많은 지식을 공유하지만 어디 사는 누구의 이야기인지 모를뿐더러 거기에 쓰인 내용이 반드시 옳다고 볼 수도 없다.

이 세상의 모든 게 익명이자 무정형 상태가 되면서 인간도 무명이자 무정형한 존재가 되어 가고 있다. 한마디로 '개성' 없는 사람이 늘고 있다고 미키 기요시는 지적했다.

"그런데 현대인의 세계가 이처럼 한정되어 있지 않다는 건 실은 그것이 가장 한정된 결과로서 생겨난 것이다. 오늘날 교통의 발달로 세계의 구석구석까지 서로 관계가 밀접해졌다. 나는 보이지 않는 무수한 것에 연결되어 있다."(미키 기요시,《인생론 노트》)

미키 기요시는 교통의 발달을 들어 이야기했는데 현대 사회에서는 통신 기술이 이에 해당한다. 요즘은 인터넷에 의해 한층 더 세계의 구석구석까지 서로 관계를 맺고 연결되어 있기 때문이다.

교통망과 통신망의 발달로 사람들은 자신이 모르는 무수한 것에 연결되어 있다. 관계가 한정된다는 건 그런 뜻이다. 개성을 형태로 만드는 관계가 무수히 세분됨으로써 오히려 무수한 관계로 한정되고, 따라서 무한정한 익명이자 무정형한 존재가 되어 간다.

현대는 이렇게 무정형한 사회이므로 사람은 고립돼 무수한 관계 안에 한정되며 개성 없는 존재가 되어 간다. 다른 사람들도 마찬가지다. 사람은 혼자서는 살아갈 수 없는데 자신과 연결돼 있는 타인의 실체는 보이지 않게 된 것이다.

익명의 타인을 향한
증오

앞서 이야기했듯 아들러는 '가치 저감 경향'이라는 말을 사용했다. 이는 다른 사람의 가치와 중요성을 깎아내려 상대적으로 자신의 가치를 높이려는 심리를 말한다. 질투하는 사람은 대개 자신이 질투하는 사람의 가치를 깎아내린다. 무능한 상사가 자신이 무능하다는 것을 부하 직원이 꿰뚫어 보지 못하도록 업무와는 관계없는 일로 부하 직원을 질책하거나 권력을 앞세워 괴롭히는 것도 가치 저감 경향의 전형적인 사례다.

집단 따돌림이나 차별에서도 가치 저감 경향이 나타난다. 괴롭히는 사람이나 차별하는 사람은 타인의 가치를 깎아내려 자신의 가치를 높이려 한다. 이런 방법으로 자신의 가치를 높일 수 있으면 그만이라고 생각하기 때문에 괴롭힘이나 차별의 대상은 특정한 누군가일 필요가 없다. 물론 괴롭힘을 당하고 차별당하는 사람에게는 분명 심각한 문제일 것이다. 다만 앞서 사용한 단어로 말하자면, 괴롭히거나 차별하는 사람이 필요로 하는 대상은 그저 익명의 누군가다. 대상이 익명이라고 해도 자신 역시 괴롭힘의 대상이 될 수 있고 차별받는다고 생각하면 불안을 느끼지 않을 수 없다.

오늘날 문제가 되고 있는 혐오 발언hate speech이나 증오 범죄hate crime에서 사용하는 영어 단어 'hate'는 '미움, 증오'라는 의미인데, 아들러는 이 감정을 다음과 같이 설명했다.

3. 대인관계와 불안

"증오의 감정은 다양한 대상을 공격할 수 있다. 증오심은 어떤 사람 앞에 놓인 과제를 대상으로 할 수도 있고 개개인, 국민이나 계급, 이성, 나아가 인종에게로 향해 있다."(알프레드 아들러, 《아들러의 인간이해》)

개인에게로 향한 증오가 있다. 특정인을 증오해 복수하려는 사람도 있을 것이다. 하지만 증오가 인종과 같은 집단을 향하면 그 대상은 명확하지 않게 되고, 나치에 의해 일어난 홀로코스트 같은 비극이 발생하게 된다. 무차별 살인을 저지른 범죄자의 증오 또한 특정한 개인을 향한 것이 아니다.

전쟁에서도 증오의 대상은 익명의 누군가다. 태평양전쟁 때 일본이 '귀축미영鬼畜米英(마귀와 짐승 같은 미국·영국이라는 뜻—옮긴이)'이라고 외쳤던 캠페인은 미국인과 영국인 한 사람 한 사람을 미워할 수는 없기에 필요했던 구호다.

이를 통해 분노를 불러일으켜 전쟁의 사기를 북돋우려 한 일도 있다. 일본 나가사키 지역에 투하된 원자폭탄의 폭발 압력을 관측하는 관측용 탐사 장치에는 항복권고서가 들어 있었는데 그 마지막엔 다음과 같이 적혀 있었다.

"일본이 당장 항복하지 않으면 그때는 원자폭탄의 비가 분노 속에서 점점 격해질 것이다."(하야시 교코, 《축제의 장소: 기야만 비도르祭りの場·ギヤマン ビードロ》)

대체 누구를 향한 누구의 분노인가.

"우리는 대부분 왜 분노를 당하는 것인지 그 이유조차 알 수 없다."

"나가사키의 우라카미 지역에는 사람들이 살고 있었다. 사람 냄새로 가득 찬 인간다운 거리였다. 그러나 10만 명에 가까운 사람이 그 땅에서 죽었다. 마침 그곳에 있던 우리는 얼마나 나쁜 죄를 지은 것일까."(하야시 교코,《축제의 장소: 기야만 비도르》)

대체 누가 이 물음에 대답할 수 있을까. 이 항복권고서에는 또한 다음과 같이 쓰여 있었다.

"이번 3주간 미국의 사막 지대에서 최초의 폭발 실험이 실행됐고 하나는 일본의 히로시마에 투하됐으며, 세 번째 원자폭탄이 오늘 아침 투하됐다."(하야시 교코,《축제의 장소: 기야만 비도르》)

하야시 교코는 나가사키라고는 명기되어 있지 않다는 것을 문제 삼았다. 실제 목표는 고쿠라였는데 기상 악화로 구름이 두꺼워져 고쿠라 상공을 세 번 선회했지만 눈으로 확인이 불가능해 연료 부족을 고려하여 제2목표인 나가사키에 원폭을 투하했던 것이다.

전쟁에서는 개인을 보지 않는다. 개개인의 얼굴이 보이면 원자폭탄을 투여할 수 없다. 미사일도 발사하지 못한다. 전쟁에서는 이 사람, 저 사람 할 것 없이 죽는다. 혐오 발언을 하는 사람도 한국인이나 중국인 한 사람 한 사람에게 증오심을 갖는 게 아니다. 타국민을 차별하는 사람은 현실에서 그 나라 사람을 한 사람도 알지 못하는 사람일 것이다. '○○인'이라는 추상화된 이미지, 더구나 잘못 추상화된 그 국가의 이미지를 머릿속에서 제멋대로 만들어 냈을 뿐이다. 같은 나라 사람이라도 싫은 사람은 있다. 그런 사람이 주위에 있어 그 특정 사람을 심하게 싫어하고, 심지어 증오를 품는 사람도 있을 것이다. 하지만 그렇다고 해서 그 사람과 같은 국가 사람을 모두 싫어하거나 증오하지는 않는다. 그런 사실은 누구나 잘 알고 있다. 자신이 싫어하는 대상은 특정한 사람일 뿐, 그 사람과 같은 국가에 소속된 모든 사람일 리는 없다.

전쟁이나 괴롭힘, 또는 차별을 없애기 위해 할 수 있는 일은 개개인을 보는 것이다. 분노에 관해서는 뒤에서 다시 살펴보겠지만, 미키 기요시는 피해야 할 것은 증오심이지 분노가 아니라고 강조했다. 기요시의 말을 인용하면 다음과 같다.

"만약 누군가가 모든 경우에 피해야 한다면 그것은 증오이지 분노가 아니다."(미키 기요시, 《인생론 노트》)

"모든 분노는 돌발적이다. 이는 분노의 순수성 혹은 단순성을 나타낸다. 반면 증오는 대부분 모두 습관적이어서, 습관적으로 영원히 계속되는 증오만이 증오라고 생각될 정도다. 증오의 습관성이 그 자연성을 나타낸다면 분노의 돌발성은 그 정신성을 나타낸다."(미키 기요시, 《인생론 노트》)

분노의 특징은 돌발적이고 순수하며 단순하고 정신적인 반면, 증오의 특징은 영속적이고 습관적이며 자연적이다. 눈앞에 있는 사람에게는 돌발적으로 화를 내지만 익명인 누군가에게는 증오심을 품게 된다. 혐오 발언은 익명을 향한 증오 가운데서 가장 두드러진 행동이다. 자연성을 나타내는 증오는 반지성적인 감정이다.

소문과
불안

미키 기요시는 소문에 관해 다음과 같이 말했다.

"소문은 불안정한 것, 불확실한 것이다. 더구나 소문의 당사자는 어떻게 할 수 없는 일이다. 우리는 이 불안정한 것, 불확실한 것에 둘러싸여 살아갈 수밖에 없다."(미키 기요시,《인생론 노트》)

소문이 불안정하고 불확실한 까닭은 그것이 우연히 일어나기 때문이다. 그런데도 미키 기요시가 이 소문이 운명마저 결정한다고 말한 것은, 비록 그 소문이 아무 근거 없는 것일지라도 그로 인해 일자리를 잃을 수도 있기 때문이다. 지금은 미키 기요시가 살던 시대와 달리 인터넷에 의해 순식간에 근거 없는 소문이 확산된다. 자신에 관해서도 언제 그러한 소문이 돌지 모른다고 생각하면 불안해질 수밖에 없다.

"소문은 항상 우리에게서 멀리 떨어져 있다. 우리는 그 존재조차 알지 못하는 경우가 많다. 이렇게 멀리 있는 것이 우리와 이토록 밀접하게 관련돼 있다. 게다가 이 관계는 종잡을 수 없는 우연의 집합이다. 우리의 존재는 눈에 보이지 않는 우연의 실로 어디인지도 모르는 곳에서 연결되어 있다."(미키 기요시,《인생론 노트》)

소문은 본인이 모르는 곳에서 돌아다닌다. 본인에게로 향해 있다면 그건 이미 소문이 아니다. "우리의 존재는 눈에 보이지 않는 우연의 실로 어디인지도 모르는 곳에서 연결돼 있다."라는 구절은 마치 인터넷 세계를 말하고 있는 것 같다. 미키 기요시가 "현대인은 한정되지 않은 세계에 살고 있다."라고 말한 건 앞에서도 이야기했다.

"소문은 그 누구의 것도 아니며 소문 당사자의 것도 아니다. 소문은 사회적이라고 하지만 엄밀히 말하면 사회의 것도 아니다. 이 실체 없는 존재를 아무도 믿지 않으면서도 누구나 믿고 있다."(미키 기요시,《인생론 노트》)

소문에는 책임자가 없다. 책임의 어원은 응답, 'responsibility'이다. 어떤 발언에 대해 '누가 무엇을 위해 한 행동인가?'라고 물었을 때 누군가 나서서 이에 대해 근거를 들어 대답한다면 그 사람은 그 발언에 책임이 있다는 의미다. 하지만 소문은 그 누구의 것도 아니므로 책임을 물을 수 없다.

"소문은 모든 정념에서 나온다. 질투에서, 시기심에서, 호기심 등에서."

"모든 소문의 근원이 불안이라는 말은 진리를 담고 있다. 사람은 자신이 불안해서 소문을 만들고 받아들이고 또한 전달한다. 불안은 정념 가운데 하나가 아니라, 오히려 온갖 정념을 움직이는 것, 정념의 정념이라고도 해야 하며, 그렇기에 정념을 넘어선 것이다."(미키 기요시,《인생론 노트》)

소문이 나면 어쩌나 하고 불안해지지만, 불안하기에 소문을 만들고 받아들이고 전달하는 것이라고 미키 기요시는 강조한다. 자신이 호감을 갖고 있는 사람이 누군가와 사귀고 있다는 소문을 들어도, 자신감이 있다면 그 소문을 믿지 않을 것이다. 하지만 자신감이 없고 질투하는 사람은 불안하기 때문에 소문을 믿는다. 그러면 그에게 소문은 진실이 된다.

작가 아쿠타가와 류노스케의 작품 중에 《용》이라는 소설이 있다. 코가 유난히도 큰 탓에 모두에게 비웃음을 당하던 승려가 화풀이로, 나라 고후쿠지 근처에 있는 사루자와 연못가에서 '3월 3일에 이 연못에서 용이 올라올 것이다.'라고 쓴 팻말을 세워 놓았다는 이야기다. 평소 놀림을 당한 데 대한 화풀이로 동료들과 세상 사람을 속이고 비웃겠다는 속셈이었지만, 뜻밖에도 연못에서 용이 올라온다는 소문이 돌기 시작했다. 처음부터 승려가 계획한 엉터리 이야기이므로 용이 올라올 리 없지만, 막상 승려는 용이 나오지 말란 법도 없다는 기분이 들기 시작해 마른침을 삼키며 연못의 수면을 바라본다. 그러자 그때까지 맑았던 하늘이 갑자기 어두워지더니 비가 내리기 시작했다. 그리고 그 빗속에서 용의 모습이 보이는데…….

승려는 자신이 지어 낸 이야기가 아닌, 책임자 없는, 누군가 만들어 낸 소문을 믿었던 것이다. 이는 호기심에서 비롯됐지만 그 호기심을 움직인 건 진짜 용이 올라오면 어떡하나 하는 불안이었다. 용이 올라온다는 소문에는 실질적인 손해는 없다. 하지만 불안에서 만들어진 소문이 사람의 목숨을 빼앗은 사례도 있다. 수많은 소문은 근거 없는 허위 정보나 잘못된 정보이므로 헛소문은 그냥 내버려 두면 좋겠지만, '소문을 언제까지나 소문으로 놔둘 수 있을 정도로 현명하고 무관심하며 냉정할 수 있는 사람이 적기 때문에' 소문은 사회에 영향을 미친다.

1923년에 일어난 관동대지진 때는 조선인이 폭동을 일으킬 거라는 소문이 퍼져 많은 사람이 죽임을 당했다. 2011년 동일본대지진이 발생했을 때 역시 여러 헛소문이 돌았다. 그중 하나가 피해 지역에서 외국인이 범죄를 저지르고 있다는 소문이 인터넷에서 순식간에 퍼진 것이다. 실제로는 날조된 정보였다. 왜 소문에 대해 현명하게 대처하거나 무관심하게 있을 수는 없는 것일까. 앞서 말했듯 모든 소문의 근원이 불안이기 때문이다. 미키 기요시는 〈시국과 학생〉이라는 칼럼에 다음과 같이 썼다.

"불안은 인간을 초조하게 하고 또한 인간을 충동적으로 만든다. 그때 인간은 어떤 불합리한 일에도 쉽사리 자신을 내맡기게 된다. 그래서 예로부터 많은 독재자가 국민을 우선 불안과 공포로 몰아넣어 자신의 의지대로 움직이려고 한 것이다."(미키 기요시, 〈시국과 학생〉,《미키 기요시 전집》제15권)

불안한 사람은 초조해지고 충동적이 된다. 평소 냉정한 사람이라도 불안에 사로잡히면 충동적으로 행동하기 마련이다. 미키 기요시도 독재자가 국민을 불안과 공포로 몰아넣어 자기 뜻대로 움직이려 했다고 말했듯이, 불안이라는 감정은 목적을 위해 이용될수 있다. 지진으로 불안에 휩싸인다고 해서 누구나 거짓 정보를 믿고 행동에 나서는 건 아니다. 불안을 이용해 소문을 만들고, 그 소문을 믿고, 급기야 평소 적의를 품고 있던 사람들을 살해하기에 이른 것이다.

미키 기요시는 불안으로 초조해져서 헛소문에 휘둘리는 사람의 심리를 다음과 같이 설명했다.

"유언비어는 모두 불안을 나타내는 표현이다. 유언비어를 전하는 자는 물론, 만들어 낸 자도 자신이 불안하기 때문에 그것을 만든다. 유언비어는 일정한 사회적 분위기 속에서 생기는데 이를 자신의 개인적인 목적을 위해 이용하는 자가 존재하기에 점점 더 악질이 된다. 바꿔 말하면, 유언비어는 단순한 불안에 머무는 것이 아니라, 그것을 만드는 사람, 그리고 전하는 사람의 의식적인, 또는 무의식적인 이기적 의도와 연결되어 있어서 항상 불순해지는 것이다."(미키 기요시, 〈유언비어〉,《미키 기요시 전집》제16권)

불안의 표현인 유언비어와 불안이 '이기적인 의도'를 위해 사용되는 경우가 있다. 이 의도를 잘 알아차려야 한다. 독재자와 같이 불안을 의식적으로 사용하는 것은 악질이지만 무의식적으로 그렇게 하는 경우는 우선 의식화할 필요가 있다.

미키 기요시는 소문을 유언비어와는 다르게 생각했다.

"소문보다 유력한 비평은 굉장히 드물다."(미키 기요시,《인생론 노트》)

소문은 평판으로서 하나의 비평이라고도 말하지만 그 비평에는 어떠한 기준도 없으니 본래는 아무런 비평도 아니다. 하지만 미키 기요시는 소문을 긍정적으로 보았다.

"유언비어는 단지 비정상적인 보도일 뿐만 아니라 특정한 방법으로 여론을 나타낸다." 보도가 통제되는 경우, "순전히 여론의 재료로서 살릴 수 없는 보도는 자기를 잠재적 여론 속에서 살리려고 한다. 이러한 잠재적 여론은 유언비어임이 틀림없다."(미키 기요시, 〈시미즈 이쿠타로의《유언비어》서평〉,《미키 기요시 전집》제17권).

'잠재적 여론'이란 검열로 인해 공개되지 않았던 정보나 의견을 뜻한다. 언론 통제로 무기력해진 매스미디어의 비평보다도 잠재적 여론으로서의 소문 안에 날카로운 비평이 있다는 것이다.

SNS는 잘못된 정보가 많기에 신뢰할 수 없는 경우가 대다수지만 올바른 정보를 전달하지 않는 매스 미디어 때문에 때로는 식견 있는 개인의 발언 속에 매스미디어로는 알 수 없는 유용한 정보가 있기도 하다. 본래 그 내용이 옳은지는 확실히 검증할 필요가 있지만 SNS는 '잠재적 여론'을 형성하는 데 도움이 되기도 한다.

의심이
의심을 낳는다

한번 미심쩍은 마음이 생기면 별것 아닌 일까지 두려움과 불안, 의심을 품게 된다.

철학자 다나카 미치타로는 검열에 걸릴지도 모른다는 두려움에 잡지《사상》에 게재되는 논문 〈이데아〉의 교정쇄를 보며 망설였다. 다나카는 이 논문에서 세상의 모든 것이 결코 이데아로 간주되어서는 안 되며 현실과 이데아를 구별할 필요성을 설파했는데, 이 글에서 그와 관련해 군주를 신으로 섬기는 데 비판적인 의견을 적었던 것이다. 이 내용을 삭제해야 할지 그대로 두어도 될지 몇 번이나 다시 읽고 교정한 끝에 설사 이 문장으로 죄를 추궁당해도 어쩔 수 없다고 마음을 굳히고 결국 그대로 싣기로 했다. 다나카는 당시의 심정을 이렇게 술회했다.

"이제 와 생각하면 이렇게 어려운 논문이 직접 검열에 걸릴 일은 없었지만 당시 정신적으로 절박했던 분위기 속에서는 누군가 다른 사람이 고발하지 않을 거라고 장담할 수 없었다."(다나카 미치타로,《시대와 나時代と私》)

다나카의 말대로 이 논문이 검열에 걸릴 만한 내용인지를 판단하려면 본래 검열자가 상당한 학식을 갖춰야 했다. 다나카가 '직접 검열에 걸릴 일은 없었다.'라고 한 것처럼 '직접'이 아니라면 걸릴 수 있었던 걸까.

논문의 내용이 아니라 논문에 사용된 언어를 문제 삼으면, 내용을 이해하지 못하더라도 문제가 되는 단어는 복자(인쇄물에서 내용을 밝히지 않으려고 일부러 비운 자리에 'O', 'X' 등의 기호로 표시하는 것—옮긴이)로 감추면 된다. SNS에서는 그런 식으로 발언이 문제가 되어 이용을 정지당하는 경우가 있다.

정부의 언론 탄압도 무섭긴 했지만 그는 다른 누군가가 고발할지도 모른다는 불안감이 더 컸다. 이런 일은 오늘날에도 있다. 일본학술회의 회원 임명을 정부가 거부하는 것 자체도 문제이지만 임명 거부에 대한 명확한 기준을 내세우지 않는(물론 그런 일이 있어서는 안 되겠지만) 행태가 모두의 의심을 더해 갈 수밖에 없는 상황을 만들어 내는 것이다.

또 하나 더 심각한 문제는 다나카가 "당시 정신적으로 절박했던 분위기 속에서는 누군가 다른 사람이 고발하지 않는다고 장담할 수 없었다."라고 술회했듯 당국이 아닌 다른 사람이 고발하는 일이 실제로 일어났다는 데 있다.

미키 기요시가 1936년에 발표한 〈시국과 사상의 동향時局と思想の動向〉이라는 논문을 보면 많은 부분에 복자 표시가 되어 있다.

"일본에서 우익인 사람들의 대다수는 자신들이 '파쇼(파시즘, 즉 국가주의적이고 전체주의적인 정치 운동이나 경향, 지배 체제—옮긴이)'라고 불리는 것을 좋아하지 않고, 파시즘에서 일본주의 혹은 일본 정신을 근본적으로 구별하고자 하는‥‥‥‥이 경제적·사회적 문제에 관해서 어떻게 생각하는지를 검토한다면, 모든 무리론無理論인 것을 제외하고 외국의 파시즘이라는 명목은 차치하면 실질적으로 거의 다른 점은 없을 것이다."

이 단락에서 점선으로 표시된 부분이 복자다.

철학자 구노 오사무는 다음과 같이 말했다.

"복자가 없는 논문이라고 해도 언론의 자유를 의미하는 게 아니라, 오히려 저자가 세심한 주의를 기울여 복자 없는 표현으로 의견을 드러낸 데 지나지 않는다."(미키 기요시, 〈구노 오사무 역자 후기〉, 《미키 기요시 전집》 제15권)

당시는 '특별고등' 경찰이나 '검열' 경찰이 감시를 했는데, 민간에서 '사상 고발'을 본업으로 일삼은 일부 우익이 한창 십자포화를 퍼부을 때 미키 기요시가 논문을 썼던 것이다.

코로나19 위기 상황으로 '자숙 경찰(자숙하지 않는 사람을 찾아 비난하고 공격하는 사람을 일컫는 일본의 신조어─옮긴이)'이라는 말이 생겼을 정도로, 누가 시킨 것도 아닌데 정부의 자숙 요청에 응하지 않는 자영업자를 공격하는 사람들이 있다.

SNS에서는 정부를 비판하는 듯한 발언을 하면 곧바로 비방 댓글이 쇄도한다. 일본학술회의의 임명 문제도 정부가 왜 임명을 거부했는지 그 이유를 확실히 밝히지 않으면, 임명되지 않을지도 모른다고 두려워하는 사람이 나올 것이다. 그런 식으로 연구자들을 조종하려는 것이다.

내가 살고 있는 아파트에서 소음 문제가 일어난 적이 있다. 이른 아침과 깊은 밤에 벽을 두드리는 듯한 큰 소리가 나서 불만이 제기됐다는 내용이 적힌 전단이 우편함에 꽂혀 있었다. 어느 집인지 특정할 수 없어도 어느 부근에서 소리가 들려 왔는지는 알 수 있으므로 가까이 사는 주민들에게 직접 문의해도 됐을 텐데 관리조합에서 그렇게 하지 않은 데는 다른 속셈이 있을 것이다.

모든 주민에게 소리를 낸 사람이 자신일지도 모른다고 생각하게 하려는 것이다. 고의로 소음을 내는 사람이 있을 거라고는 생각하지 않지만, 자신도 모르는 사이에 큰 소리를 내고 있는지도 모른다는 생각에 모두가 불안해질 것이고, 그러면 모두 큰 소리가 나지 않도록 조심하게 되므로 아파트의 정적이 지켜질 것이기 때문이다. 하지만 나는 큰 소리를 내면 신고당할지도 모른다는 불안과 두려움을 느끼게 하는 방법이 바람직하다고 생각지 않는다.

앞의 사례는 모두 검열에 걸리는 건 아닌지, 학회에 들어가는 걸 거부당하는 건 아닌지, 소음으로 인해 이웃과의 관계가 깨지는 건 아닌지 불안해하는 사람들에게 권력의 존재를 의식시키려 하고 있다.

이 경우도 불안해지지 않으려면 행동을 해야 한다. 다나카는 '이 문장으로 죄를 추궁당해도 어쩔 수 없다고 마음먹고 그대로 낼 결심'을 했다고 한다.

근거 없는 소문을 흘리고 남들의 행동을 감시하는 사람은 있겠지만, 누구나 다 그런 일을 할 리는 없다. 하지만 타인이 자신을 함정에 빠뜨리려는 무서운 사람이라고 의심하기 시작하면, 누가 시킨 것도 아닌데 먼저 자숙하게 되고, 문득 깨닫고 보니 어느새 자신 또한 타인을 감시하고 있음을 알게 된다. 세상에는 다 그런 사람만 있는 게 아니라는 사실을 깨달으면 불안에서 탈출할 수 있다.

4.

일과 불안

"우리는 100미터 경주에서
어떻게 이길 수 있을지를 필사적으로 배웠다.
하지만 넘어졌을 때
어떻게 해야 하는지는
아무도 가르쳐 주지 않았다."

– 룽잉타이

성과를 내지
못한다는 불안

여기서 말하는 '일'에는 '공부'도 포함된다. 일과 공부는 모두 결과가 나오고 이 결과에 대해 평가를 받게 된다. 정말 자신 있는 사람이 아니고서는 아마 대부분 아무리 노력해도 좋은 결과를 내지 못할 수 있다는 불안감을 가지고 있을 것이다. 실제로 애써 노력한다고 해서 반드시 좋은 결과가 나오는 건 아니다.

좋은 결과를 내지 못했다면 더 노력하는 수밖에 없겠지만, 이때 우리의 불안은 단지 좋은 결과를 내지 못할 것에 대한 걱정 때문만은 아니다. 대개 좋지 않은 결과로 인해 낮은 평가를 받게 되면 자신의 가치까지 낮아진다고 생각하기 쉽다. 이런 생각에 사로잡혀 불안해지면 더 이상 과제에 노력을 기울이지 않게 되는데 이 역시 앞에서 이야기해 온 것처럼 불안해서 과제를 하지 못하는 게 아니라 과제를 하지 않기 위해 불안하다고 생각해 버리는 것이다.

결과가 좋지 않을 때 원인을 확실히 짚어 보고 다음에는 좋은 결과를 낼 수 있도록 노력하는 사람은 불안해하지 않는다.

젊었을 때 대학교에서 그리스어를 가르친 적이 있다. 그때 한 학생이 답을 알면서도 대답을 하지 않기에 그 이유를 물었다. 그랬더니 '행여 틀린 답을 말했다가 공부 못하는 학생으로 보일까 봐서'라는 대답이 돌아와 놀랐다. 나는 그 학생에게 아무리 많은 문제에 틀린 답을 내놓아도 공부 못하는 학생이라고는 생각하지 않겠다고 약속했다. 학생은 내 말을 들은 다음부터는 답이 틀릴 것을 겁내지 않고 자신의 의견을 말하게 됐다.

일이 잘 풀리거나 성공했을 때는 그리 많은 것을 배우지 못한다. 오히려 틀렸을 때나 실패했을 때에야말로 깨닫고 배우는 것이 많다. 물론 틀리거나 실패해도 아무 상관없다는 뜻은 아니지만, 같은 실수를 되풀이하지 않으려면 어떻게 해야 할지 생각하는 과정에서 많은 것을 느끼고 배울 수 있다. 또한 처음부터 좋은 결과를 내지 못한다 해도 노력하다 보면 조금씩 좋은 결과를 낼 수 있기 마련이다. 그렇기에 교사는 학생들이, 부모는 자녀가, 상사는 부하 직원이 실패하더라도 그 결과를 꾸짖거나 질책해서는 안 된다. 질책하고 나무라는 것은 다시 과제에 도전할 용기를 꺾을 뿐이다. 사람은 야단을 맞거나 질책을 당하면 과제에 도전하기를 포기하거나 좋은 결과를 얻기 위해 수단과 방법을 가리지 않게 된다. 그들에게 정말 필요한 건 다음에 똑같은 실패와 잘못을 반복하지 않으려면 어떻게 해야 할지를 함께 고민하는 일이다.

심정 윤리와
책임 윤리

독일의 사회학자 막스 베버는 '심정 윤리Gesinnungsethik'와 '책임 윤리Verantwortungsethik'를 구분했다(막스 베버, 《직업으로서의 학문, 직업으로서의 정치》). 심정 윤리는 행위의 순수성을 중시하고 행위의 결과를 묻지 않는 것이다. 행위의 결과를 묻지 않는 까닭은 그 결과가 외적 상황에 의존하기 때문이다.

반면 의사가 돼 환자를 구하고 싶다는 동기가 아무리 순수해도 애초에 의대에 들어가지 못하면 의사가 될 수 없다. 요즘 시대로 말하자면, 코로나19의 감염 확산을 막기 위한 대책이 옳다고 해도 실제 감염자 수를 억제하지 못하면 그 대책은 유용하지 않다. 동기만 순수하면 되는 게 아니라 행위의 결과에도 책임을 져야 한다는 것, 이것이 책임 윤리다.

그렇다면 좋은 결과만 내면 되는 것일까. 그렇지 않다. 책임 윤리가 결과에 대한 책임을 문제 삼는 데 반해, 심정 윤리는 자신의 양심에 대한 책임을 중시한다. 심정의 순수성을 중시하는 까닭은 자신의 양심에 충실하고자 하기 때문이다. 결과만 문제라면 꼭 양심적으로 행동해야 할 필요가 없다. 공부를 예로 들면, 결과를 내기 위해 부정행위를 서슴지 않는 것이다. 승진하고 싶은 사람이 상사에게 부정 은폐나 허위 발언을 지시받고 그에 따르면 승진할 수 있다는 말에 양심을 저버렸다면 아무리 좋은 결과를 냈다고 해도 심정 윤리에 반하는 행위가 아닐 수 없다. 어느 한쪽의 책임만 다하면 되는 것이 아니다.

막스 베버가 심정 윤리와 책임 윤리를 구분한 것은 어느 한쪽만 문제 삼기 위함이 아니라, 전자가 자신의 인격에 대한 책임을 문제 삼는 데 반해 후자는 사회에 대한 책임을 문제 삼는다는 구분이다.

따라서 우리는 결과도 내고 양심도 지켜야 한다. 수험생은 좋은 결과를 낼 수 있도록 공부에 전념해야 하지만, 동시에 양심적이어야 한다. 만약 동기가 순수해도 좋은 성과를 내지 못했다면 공부하는 방법에 문제가 있었다고 볼 수 있다.

이 두 가지 윤리적 관점에 비추어 보면 결과를 두고 야단을 치는 것은 유용하지 못한 방법이다. 공부를 예로 들어 보자. 공부의 결과는 고스란히 자신의 몫이며 자신밖에 책임질 수 없으므로 자녀도 스스로 열심히 공부할 수밖에 없다. 그런데 어른이 아이의 과제에 개입해서 꾸짖으면 아이는 무엇보다 야단맞지 않으려면 어떻게 해야 할지를 궁리하게 돼 앞서 말했듯 부정행위를 한다거나 심지어 시험을 보지 않는 일까지 벌어질 수 있다. 시험을 아예 보지 않으면 아무 결과도 나오지 않으니 어떻게든 야단맞는 상황을 피해 가려는 것이다.

하지만 결과가 나오지 않으면 어느 부분이 부족한지를 알 수 없다. 교사도 과제나 시험 결과를 보지 않고서는 자신의 수업 방식이 어디에 문제가 있는지를 파악할 수 없다. 학생이 자신의 부족한 점을 발견하고 교사가 가르치는 방법을 개선하면 다음엔 더 좋은 결과를 낼 수 있다.

사람은 야단을 맞거나 질책을 당하면
과제에 도전하기를 포기하거나
좋은 결과를 얻기 위해
수단과 방법을 가리지 않게 된다.

실패는
잘못이 아니다

결과만 잘 나오면 그만이라고 생각하거나 결과를 피하기 위해 시험을 보지 않는 일이 생기지 않게 하려면 부모와 교사, 그리고 상사가 자녀나 학생, 부하 직원의 순수성에 주목해야 한다. 비록 결과는 좋지 않더라도 최선을 다해 노력한 점이나 포기하지 않았던 점을 높이 평가하고 인정해야 한다. 또한 실패를 두려워하지 않도록 지원해야 한다. 오랫동안 학생들을 가르쳐 온 경험에 비춰 보면 실수를 두려워하는 학생은 실력이 향상되지 않는다. 이 부분에 대한 지원은 심정 윤리의 관점에서 부모, 교사, 상사가 해야 할 일이다.

자녀, 학생, 부하 직원이 만족할 만한 성과를 올리지 못했다면 더 많이 공부하고 노력을 쌓으면 된다. 좋은 결과를 내지 못했을 때 더 이상 공부나 일에 노력을 기울이지 않으려는 것이 문제다. 당장 성과를 내지 못하더라도 조금씩이나마 과제에 집중하면 그 나름의 결과는 나오기 마련이다. 물론 애써 노력했음에도 불구하고 좋은 결과를 내지 못할 수 있다. 이때는 본인의 노력이 부족해서가 아니라 지도 방법의 문제일 수도 있다.

책임 윤리의 관점에서 보면 교사와 상사는 자신의 수업 방법 또는 지도에 문제가 있어서 좋은 결과가 나오지 않은 거라고 생각해야 한다. 단지 "열심히 해!"라고 말만 해서는 좋은 결과를 낼 수 없다. 좋은 결과가 나올 수 있도록 교육하고 지도해야 한다. 올림픽에 나갈 정도로 역량이 있는 선수에게도 코치가 따라붙는다. 코치가 근성을 길러 주려고 지도하다가 오히려 선수의 역량을 떨어뜨리는 경우도 있다. 지도하는 입장에 있는 사람이 자신의 지도법에 따라 결과가 좌우될 수 있다는 사실을 안다면 공부하지 않거나 좋은 결과를 내지 못했다고 해서 학생 또는 부하 직원을 질책할 수만은 없을 것이다.

물론 어떤 일이든 수동적인 자세로 배우는 건 문제가 있다. 그러면 아무리 지도를 잘해도 실력이 향상되지 않는다. 주변 상황을 정확히 인지하고, 실력이 늘지 않거나 좋은 결과가 나오지 않는 원인을 다른 사람의 탓으로 돌리지 말고 더욱 노력해야 한다. 과연 좋은 결과를 낼 수 있을까 하며 불안해하는 동안에도 노력하는 수밖에 없다.

경쟁의 무용

좋은 결과를 내기 위해 경쟁을 시키는 것도 문제다. 경쟁해야 공부할 의욕이 솟아나고 생산성이 향상된다고 생각하는 사람이 많은데, 과연 그럴지는 생각해 볼 일이다.

공부도 다른 사람과 경쟁하면 금세 재미가 없어진다. 공부란 원래 모르는 것을 배우는 과정이므로 즐거워야 하는데, 경쟁에 이기려고 제한된 시간 안에 문제를 푸는 기술을 익히는 것이 공부라고 한다면, 곰곰이 생각할 일도 없어지고 배우는 기쁨마저 잃게 된다.

시험 전에는 누구나 크든 작든 긴장하기 마련이지만, 좋은 결과를 내 다른 사람과의 경쟁에 이겨야 한다고 생각할 때는 좋은 결과를 낼 확실한 자신감이 없으면 시험을 앞두고도 불안해진다. 이 불안은 배우는 기쁨과는 아무 관계가 없다.

인생 자체가 경쟁이라고 생각하는 사람이 많다. 하지만 고학력에 소위 일류 기업에 취직한다고 해도 평온하게 지내지 못할 수 있다. 경쟁 사회에서는 지금 당장 승리를 거머쥐었다고 끝나는 것이 아니라 앞으로 계속해서 이겨야 하기 때문이다. 라이벌이 나타날까 두려워하고 언제 낙오될지 모른다는 생각에 사로잡혀 결코 행복하다고 할 수 없다. 어떤 일이든 이루기 위해서는 노력해야 한다. 하지만 노력해도 기대한 대로 결과가 나오지 않으며 이미 경쟁에 졌다고 생각하는 사람은 노력하기를 포기하게 된다. 그러한 사람은 아들러의 말을 빌리자면 '전쟁터'에서 싸우고 있는 셈이다(알프레드 아들러, 《자녀 교육The Education of Children》).

'전쟁터'는 '인생에서 쓸모없는 면'이라고 바꿔 말할 수 있다. 이때는 사람들이 남보다 뛰어날 수 있는 보다 쉬운 방법을 찾게 된다.

예를 들어, 업무 면에서 능력을 발휘하지 못하는 상사는 자신이 무능하다는 사실을 모른 척하면서 부하 직원을 불합리하게 질책하고 부하 직원이 풀이 죽으면 우월감을 느낀다. 저항하는 부하 직원에게 이기면 더욱 강한 우월감을 맛본다.

불안을 호소하는 아이들도 자신의 '나약함'을 내보이는 방법으로 주목을 끌어 부모를 지배하려 한다. 이 아이들에게 형제자매가 있다면 그들과의 경쟁에서 진 뒤에 노력하기를 포기하고 '전쟁터'에서 우위에 서려 할 것이다. 부하 직원을 질책하는 상사도 불안을 호소하는 아이도 모두 비뚤어진 우월감을 과시하는 것이다.

살아가는 일이 타자와의 경쟁이라는 사고에서 벗어난다면 이런 쓸모없는 싸움을 하지 않고 지낼 수 있다. 타이완의 작가 룽잉타이는 경쟁에 관해 다음과 같이 말했다.

"우리는 100미터 경주에서 어떻게 이길 수 있을지를 필사적으로 배웠다. 하지만 넘어졌을 때 어떻게 해야 하는지는 아무도 가르쳐주지 않았다."(룽잉타이,《눈으로 하는 작별》)

경쟁 사회에서는 경쟁에 이기는 사람만이 중요할 뿐 패자에 대해서는 생각하지 않는다. 그래서 공부나 일에서 결과를 내지 못하면 의미가 없다고 여기는 사람이 많다. 반면 좋은 결과를 내지 못했을 때, 또는 경쟁에서 이기지 못했을 때 어떻게 해야 하는지는 그 누구에게도 배우지 못한 것이다. 어떻게 하면 좋을까. 그냥 경쟁에서 내려오면 된다. 어떤 일을 하든지 간에 타인과 비교할 필요도 없고, 비교할 수도 없다.

5.

질병과 불안

"모든 건 시간과 함께 움직이지만
환자는 무시간無時間의 물가에
밀려와 있다."

- 반 덴 버그

신체가
타자가 될 때

병에 관해 전혀 생각해 본 적이 없다면 그는 무척 건강한 사람일 것이다. 반면 어쩌다 열만 나도 불안해지고 아무 일도 손에 잡히지 않는 사람도 있다. 병에 걸리면 일을 하지 못하게 된다. 무슨 일이 있어도 회사를 쉬면 안 된다고 생각하던 사람도 병이 나면 쉬지 않을 수 없고, 만약 입원까지 해야 하는 상태라면 원래의 생활로 돌아가는 데 상당히 많은 시간이 걸릴 수 있다.

병에 걸리면 그때까지 죽음에 대해 조금도 생각해 보지 않던 사람도 죽게 될지 모른다는 불안에 사로잡힌다. 어떤 병이든 죽음을 전혀 생각하지 않을 수는 없다. 다만 병에 걸렸을 때 어떤 일이 일어나는지에 대해 알면 불안이 조금은 줄어들지 모른다.

건강한 사람은 병에 걸리기 전에는 자신의 신체를 거의 의식하지 않는다. 과로로 아침에 일어나지 못할 만큼 심신이 지쳤던 적이 있긴 해도 건강할 때는 휴식만 취하면 이런 피로쯤이야 금방 풀린다. 그런데 병에 걸리면 숨을 쉴 때도 걸을 때도 끊임없이 주의하고 의식해야 한다. 예를 들어, 숨을 쉬기 힘들어져서 한 걸음마다 멈춰서게 될 수도 있다. 이럴 때는 평소 거의 의식하지 않았던 신체가 자신의 존재를 알려 오기 때문에 의식을 신체에 집중하지 않을 수 없다. 병에 걸렸을 때는 자신과 신체 사이에 격차가 생기는 것이다.

마치 타자가 자신과는 사고도 다르고 느끼는 감정도 달라 자신의 생각대로 되지 않는 것처럼, 병에 걸렸을 때는 신체가 자신에게 '타자'가 된다. 작가 시로야마 사부로는 왼쪽 가슴이 쑤시듯이 아파서 숨이 차고 답답했을 때의 경험을 다음과 같이 표현했다.

"내 몸의 일부이면서도 어디에 있는지 알 수 없던 심장이 요즘 복면을 벗고 자신의 존재를 알려 온다."(시로야마 사부로,《무소속의 시간에서 살아가다無所属の時間で生きる》)

이 문장은 자신과 신체 사이에 격차가 생기는 일, 신체가 타자가 되는 감각을 훌륭하게 표현하고 있다. 심장이 어디에 있는지 알 수 없었다는 말은 건강할 때는 심장이 있다는 사실이나 심장이 움직이고 있다는 것조차도 전혀 의식하지 않았다는 의미다. 그런데 심장이 복면을 벗고 자신의 존재를 알려 오면 통증을 느끼거나 숨쉬기가 버거워진다. 그 감각을 의식하게 되면 신체가 내는 목소리에 응답해야 한다. 자신의 존재를 열심히 알리고 있는 심장에게 대답해야 하는 것이다.

이를 그냥 무시할 게 아니라면 수술을 받을지 말지 결정해야 할 수도 있다. 수술을 받지 않는다는 선택도 있지만, 그 경우는 수술을 받지 않는 데 따르는 리스크를 받아들여야 한다. 건강할 때는 생각지도 못했던 중대한 결단을 내려야 하는 것이다. 이렇듯 병에 걸리면 신체를 스스로 조절하기가 어려워진다. 뜻밖의 행동을 하는 신체는 마치 자신과는 완전히 독립된 의식을 갖고 있는 것만 같다. 하지만 이게 꼭 이렇게 골치 아픈 것만은 아니다. 통증은 신체가 보내는 신호다. 만약 통증을 전혀 느끼지 못한다면 신체에 중대한 문제가 생겨도 알아차릴 수 없다. 통증이 있기에 신체에 뭔가 이상한 일이 일어났다는 사실을 알아차리고 적절히 대처할 수 있다. 통증뿐만 아니라 신체가 알리는 다양한 소리에 귀를 기울이지 않는 사람도 있다. 그들은 신체가 외치는 소리를 자신의 상황에 맞춰 나쁘지 않은 해석으로 바꾸고, 신체가 보내는 경고를 무효로 만들려 한다. 신호에 대한 '응답'이 '책임responsibility'의 원 뜻이므로, 신체의 신호에 응답하지 않는 것은 곧 '무책임'이다.

반면 신체의 목소리에 바로 응답하는 사람도 있다. '일병식재一病息災'라는 말이 있다. 지병이 있는 사람일수록 건강에 신경을 쓰고 자신의 몸을 잘 돌보기 때문에 오히려 오래 산다는 의미다. 이런 사람은 신체에 조금이라도 이상이 느껴지면 처치가 늦어지지 않도록 자진해서 곧바로 병원을 찾는다.

질병의
수용

하지만 그런 사람은 극히 적을지도 모르겠다. 진찰을 받는 건 역시나 두렵다. 의사 앞에 거침없이 나서는 게 쉬운 일은 아니다.

심근경색으로 쓰러졌을 때 나는 구급차에 실려 병원으로 이송됐다. 전조 증상은 있었지만 앞서 소개한 시로야마 사부로와 달리, 몸 상태가 좋지 않은 원인이 심장에 있을 거라고는 생각지 못했다. 심장이 자신의 존재를 알렸을 테지만 나는 전혀 알아차리지 못했다.

의사는 심전도를 보더니 한순간도 망설이지 않고 심근경색이라고 말했다. 전혀 예상하지 못했던 병명을 들은 나는 매우 놀랐고 이렇게 죽을 수도 있다고는 상상해 본 적이 없기에 어이없는 결말이구나 싶었다. 그리고 한편으로, 심근경색의 경우 의사가 환자에게 병명을 솔직히 알려야 하나 말아야 하나 고민할 필요가 없다는 사실을 떠올렸다.

죽음을 코앞에 두고 생각할 만한 일은 아니었지만, 나 자신에게 일어난 일을 객관적으로 바라볼 여유가 조금은 있었던 모양이다. 결코 안도한 것은 아니지만 병명을 듣고서야 비로소 최근 몸이 좋지 않았던 원인을 알게 됐다고 생각했다. 나는 이대로 죽을지도 몰랐지만 바로 수술을 받았기 때문에 크게 고민할 틈은 없었다. 하지만 만약 며칠간 계속 몸이 안 좋아서 결국 마음을 먹고 검진을 받았는데 큰 병에 걸렸다는 걸 알게 됐다면, 과연 나을 것인지, 낫지 않는다면 가족은 어떻게 되는 건지 불안에 사로잡혀 견딜 수 없었을 것이다. 병에 걸린 상황에서는 직장이나 일이 문제가 아닐 것이다. 그리고 그때까지 온 힘을 다해 일해 온 사람이라면 일을 쉴 수는 없다는 생각에 또 초조함이 밀어닥칠 것이다.

의사에게 병명을 들어도 곧바로 받아들일 수 없다. 죽음에 이르는 병이 아니더라도 자신이 병에 걸렸다는 사실을 받아들이기란 쉽지 않다. 코로나19의 경우에도, 마스크도 꼭 쓰고 회식도 하지 않으며 조심했는데도 감염된 사람이 있다. 그들은 왜 자신이 이런 일을 당해야 하는지 화도 나고 불합리하게 여겨져서 자신의 운명에 절망할지도 모른다. 그런데 의사에게서 불치병으로 여겨지는 병명을 통보받는 건 어떻겠는가. 이건 분명 뭔가 잘못되었을 거라고 고개를 가로젓게 되지 않을까.

미국의 정신과 의사 엘리자베스 퀴블러 로스가 죽음을 받아들이는 자세에 관해 쓴 글을 보면, 자신이 죽는다는 사실이 거짓 아닐까 하고 의심하는 '부정과 고립' 단계가 있다(엘리자베스 퀴블러 로스,《죽음과 죽어감》).

병을 받아들이는 것과 죽음을 받아들이는 건 별개라고 생각하는 사람이 있을지 모르지만, 어떤 병에 걸리든 특히 병명을 모르면 불안이 커지고 이 병으로 죽을지도 모른다고 생각하는 사람이 많다. 마침내 이 부정은 부분 부정이 되고, 나아가 틀림없는 일이라고 이해했을 때 분노, 격정, 질투, 분개 같은 감정이 솟구친다. 왜 자신이 죽어야만 하는지 분노를 느끼고 그 분노를 주변 사람에게로 돌리는 '분노' 단계, 그다음에는 피할 수 없는 결과를 뒤로 미루기 위해 죽지 않고 지낼 수 있도록 거래를 시도하는 '협상' 단계, 그리고 아무것도 할 수 없는 '우울' 단계가 찾아오며 마지막으로 자신이 죽는다는 사실을 받아들이는 '수용' 단계에 이른다. 퀴블러 로스는 이렇게 설명한다.

"하지만 수용이 반드시 이런 순서대로 찾아오지는 않는다. 전립선암으로 50세에 세상을 떠난 의사 니시카와 기사쿠가 지적한 것처럼, 수용은 직선으로 나아가는 게 아니라 왔다 갔다 할 때도 있

다."(야나기다 구니오,《'죽음의 의학'을 위한 서장'死の医学'への序章》)

마치 파도가 해변으로 밀려왔다 밀려가듯이 충격이 덮쳐 온다. 그 충격이 밀려가면 각오해야 한다. 이런 일이 몇 번이나 반복되는 것이다. 이렇듯 병을 어떻게 받아들이느냐는 환자가 결정하므로 진찰 중에 환자가 의사에게 분노를 터뜨린다 해도 그 행위는 사태를 받아들일 때 그 환자의 독자적인 대응 방법일 뿐 의사를 향한 것이 아니라는 사실을 의사가 인식하지 못하면 견디기 어렵다.

또한 수용 단계에 이르기까지 퀴블러 로스가 주장하는 모든 단계를 거치는 건 아니다. 환자가 병을 어떻게 받아들이는가 하는 반응은 아들러가 말하는 라이프스타일, 즉 과제에 직면했을 때 그 사람의 대처 방법에 따라 다르다. 병에 걸렸을 때 대처하는 자세와 방법은 그 사람이 그때까지의 인생에서 다른 과제에 대응하고 해결했던 자세나 방법과 기본적으로 같다.

역경에 처했을 때 늘 화를 내던 사람은 병에 걸렸을 때도 왜 하필 자신이냐고 화를 내겠지만, 자신의 병을 받아들이고 치료에 전념하기로 결심하는 사람도 있다.

하지만 이 라이프스타일은 결코 타고난 것도 아니고 바뀌지 않는 것도 아니다. 똑같은 상황에서 상대만 다를 뿐 항상 같은 일을 하지만 만약 다른 식으로 행동하려 한다면 못할 것도 없다. 실제로 입원해야 할 정도의 병에 걸리고 나면 그 경험이 라이프스타일을 바꾸는 계기가 되기도 한다. 퀴블러 로스가 부정의 사례로 든 여성은 죽음의 5단계를 모두 거치지 않고 돌연 죽음을 수용한 듯이 보인다.

5. 질병과 불안

그 여성은 건강하다고 믿게 하려는 신앙 치료사의 말을 덜컥 받아들여 자신이 병에 걸렸다는 사실을 부정했다. 하지만 어느 날, 담당 의료인의 손을 쥐고 "당신의 손은 이렇게 따뜻하군요." 하고 말했다. 그리고 뭔가를 이해한 듯이 미소를 지었다. 이 의료인은 말했다. "그녀도 나도 이 순간에 그녀가 자신의 병을 받아들였다는 것을 알았다."(엘리자베스 퀴블러 로스,《죽음과 죽어감》)

앞에서도 살펴보았듯 아들러는 분노나 불안에는 '상대역'이 있다고 했다. 분노나 불안은 늘 누군가에게로 향한다는 것이다. 자신에게 일어난 사태를 받아들일 때의 분노는 실제로 특정 의사에게 향한 것은 아니지만, 진찰 중 환자가 화를 낼 때의 상대역은 진찰하고 있는 의사가 된다.

왜 자신이 병에 걸려야만 하느냐고 분노를 느끼는 사람이 그 분노를 의사에게 표출할 때는 주도권을 쥐려 한다. 불안도 마찬가지다. 자신이 어떤 병에 걸렸는지 모르는 동안에는 환자의 내면에서 불안감이 크게 부풀어 오른다. 그 불안감 또한 진찰하는 의사에게로 향한다. 가령 무슨 병인지 알았다 해도 불안을 호소함으로써 의사가 필요하다고 판단한 치료를 거부하거나, 치료에 저항하려고 한다.

이때 의사가 환자의 말과 행동을 두려워하면 환자는 그때까지 다른 사람에게 분노와 불안을 터뜨렸을 때와는 다른 의사의 반응에 당황할 것이다. 의사는 환자의 감정에 휘둘려서는 안 된다. 의사는 질병에 관한 전문적 지식이 있으므로 그 지식을 토대로 진단

하고 치료 방침을 결정하는데, 이때 의사와 환자가 협력하지 않으면 치료할 수 없으므로 환자가 느끼는 분노와 불안의 감정은 치료에 방해가 된다. 이때 의사가 환자를 위해서 할 수 있는 일은 다음과 같다.

우선 진실을 확실히 밝히는 일이다. 환자에게 걱정할 것 없다거나 반드시 나을 거라는 말을 쉽게 해서는 안 된다. 근거 없이 어설프게 희망을 주려 하다가는 환자와의 신뢰 관계에 금이 갈 수 있다. 환자에게는 자신의 몸 안에서 무슨 일이 일어나고 있는지, 앞으로 어떻게 될지 모른다는 사실이 가장 불안한 일이므로 현재의 상태와 앞으로 어떤 치료가 가능한지를 차근차근 설명해 주면 불안을 줄일 수 있다.

때로는 낫지 않을 가능성이 크다는 사실을 전해야만 할 때도 있겠지만 환자가 자신의 병을 받아들일 것임을 신뢰해야 한다. 치료를 거부하거나 저항하더라도, 심지어 그때 의사에게 분노를 표출한다고 해도 현재 상태보다 좋아지기를 바라지 않을 리는 없다.

다만 병명과 현재 상태를 어떻게 알려야 할지 그 방법을 선택하는 데는 배려가 필요하다. 의사가 알고 있는 건 어디까지나 일반적인 사례이므로 절대 단언은 하지 말아야 한다. 환자와 가족은 완치될 가능성이 없을 뿐만 아니라 죽음에 이를 것이라는 말을 듣더라도, 여전히 한 가닥 희망을 바랄 것이다.

한 의사가 조현병을 앓고 있는 소녀를 진찰하는 자리에 부모를 함께 불렀다. 그러고는 아들러 앞에서, 딸을 걱정하는 부모에게 "따님은 회복될 가능성이 없습니다." 하고 말했다. 이 말을 들은 아들러는 그 자리에 있던 의사들에게 말했다.

"잘 듣게. 우리가 어떻게 이런 말을 할 수 있겠나. 앞으로 무슨 일이 일어날지 어떻게 알 수 있단 말인가!"(베티 제인 머내스터 외,《알프레드 아들러: 우리가 기억하는 것처럼Alfred Adler: As We Remember Him》).

환자나 가족의 입장에서는 설령 의사가 회복 가능성이 없다고 선언하더라도, 의사조차 모르는 일이 있다는 사실을 반드시 알아야 한다. 치유를 바랄 수 없다고 해서 의사마저 조금도 희망을 갖지 않는다면 대다수의 환자와 가족은 열심히 치료하려 들지 않을 것이다. 희망을 버리지 않는 의사를 보면서 그들은 치료에 협력하게 되고, 결국 치유되지 못한다 해도 자신과 가족에게 일어난 일을 받아들일 수 있는 것이다.

또한 의사는 환자를 '동지'라고 생각해야 한다. 의사 입장에서는 환자가 수많은 환자 가운데 한 사람이겠지만, 반대로 환자에게 의사는 단 한 명뿐이다.

'동지'란 아들러가 사용하는 언어로, 원어는 'Mitmenschen'이다. 자신과 상대가 적대하는 게 아니라 이어져 있다mit고 생각할 때 두 사람은 진정한 '동지'라고 할 수 있다. 환자는 의사가 자신을 절대 거절하지 않고 받아들인다고 믿어야 한다. 환자는 자신이 강한 척하지 않아도 또는 불안에 떠는 나약한 모습을 보여도, 자신이 어떤 사람이든지 간에 의사가 받아들여 준다는 것을 알면 치료에 협력할 것이다.

아들러가 자신을 향해 때리려고 달려드는 환자에 관해 쓴 글이 있다(알프레드 아들러,《삶의 의미》). 이 환자는 다른 의사에게서 병이 치유되지 않을 거라는 말을 들었다. 아들러에게도 분명 거절당할 거라고 생각했기 때문에 치료를 받는 3개월 동안 아무 말도 하지 않았다. 그러다 마침내 그는 아들러에게 달려들었다. 아들러는 이에 저항하지 않았다. 대신 달려들다 창문 유리에 다쳐 피가 나는 그 환자의 팔에 붕대를 감아 주었다.

불같이 화를 내는 환자는 있어도 때리려 덤벼드는 환자는 많지 않겠지만, 치유할 수 없다는 말을 듣고 동요하지 않을 사람은 없을 것이다. 불안감이 커져 자신을 거부하는 의료인에게 분노의 감정을 분출하고 만 환자를 향해 아들러는 이렇게 말했다.

"어떻게 생각하세요? 당신의 병을 낫게 하려면 우리 둘이서 무엇을 하면 좋을까요?"

이때 아들러는 '내'가 무엇을 한다고 말하지 않고 '우리 둘이서' 무엇을 하면 좋을 것 같은지 의견을 물었다는 사실에 나는 주목했다.

아들러가 '둘이서' 무엇을 하면 좋겠느냐고 물어본 데서 알 수 있듯이, 치료는 의사가 환자에게 일방적으로 하는 행위가 아니다. 두 사람이 협력해야만 치료를 진행할 수 있다. 환자는 다음과 같이 대답했다.

"그건 너무나도 간단해요. 저는 살아갈 용기를 완전히 잃었거든요. 하지만 선생님과 이야기를 나누는 동안에 다시 용기를 얻었습

분노나 불안에는
상대역이 있다.
분노나 불안이
다른 누군가에게로
향한다는 것이다.

니다."

이 환자는 3개월 동안 아무 말도 하지 않았지만 아들러의 질문에 대한 대답을 이미 찾아냈던 것이다. 어떤 질병이든 진찰을 받는 사람은 '살아갈 용기'를 잃게 된다. 환자가 치료에 전념하려면 그 잃었던 용기를 반드시 되찾아야 한다.

질병의
회복

앞에서 살펴본 내용을 다음과 같이 나타낼 수 있다.

① 나 = 신체

↓

② 나 ↔ 신체(신체의 이질화)

↓

③ 질병(신체)이 나를 지배

①은 건강할 때다. 자기 신체의 존재를 의식하지 못하는 상태, ②는 질병으로 인해 신체의 존재를 의식하지 않을 수 없는 상태, ③은 신체에 관한 일로 의식이 꽉 차 있는 상태로 한시도 의식에서 벗어나지 못한다.

그렇다면 회복은 이와 반대의 과정을 거쳐 마침내 ① 신체의 존재를 의식하지 못하는 상태로 되돌아가는 것일까. 당연히 그럴 거라고 생각할지 모르겠지만 그리 쉬운 문제는 아니다. 신체의 상처나 병이 완전히 낫는 것, 즉 치유나 완치 상태가 아닌, 증상이 거의 없어지고 스스로 제어할 수 있으며 별다른 문제가 없을 정도까지 좋아진 상태를 '완화'라고 한다.

내 경우도 심근경색이 완치된 게 아니라 완화됐다. 관동맥이 막혀 심근이 괴사된 부분은 원래대로 돌아가지 않는다. 심전도를 살펴보면 지금도 비정상적인 파형이 나타나 있지만 일상생활을 하는데는 문제가 없다.

앞으로도 완치될 수 없다면 ①의 의미로 회복된 건 아니다. 물론 위기에서 벗어났다는 것, 그리고 끝없는 고통이 사라졌다는 사실에 감사하지만, 병에 걸린 힘든 경험을 했는데 마치 아무 일도 없었다는 듯 원래대로 돌아가서는 안 된다.

같은 경험을 해도 배움을 얻지 못하는 사람은 아무것도 깨닫지 못한다. 입원했을 때 간호사에게 들은 말이 지금도 가끔 생각난다.

"단지 생명을 건진 것으로 끝나는 분도 계시겠죠. 하지만 앞으로의 일을 생각하면서 편하게 쉬고 다시 한번 새로운 삶을 산다는 각오로 힘내 보세요."

새로운 삶을 살겠다고 생각한다면 병에 걸린 일을 통해 무언가 배움을 얻어야 한다. 전에는 알지 못했던 것을 병에 걸림으로써 깨닫고, 그로 인해 이후의 인생이 달라졌다고 한다면 병에 걸린 것도 좋은 경험이라고 생각할 수 있다. 다만 이 말은 병에 걸린 자신만이 할 수 있는 표현이지, 타인이 이렇게 말해서는 안 된다. 병에 걸린 사람은 건강한 사람에게서 병에 걸린 것도 좋은 경험이 아니냐는 말을 듣고 싶지는 않다. 누구든 자신이 원해서 병에 걸린 것은 아니기 때문이다.

회복은 신체의 존재를 전혀 의식하지 못한 상태도 아니고, 물론 신체와 긴장 관계나 지배 관계에 놓인 것도 아니다. 단지 신체와 본래의 근본적인 관계를 되찾는 일이다.

신체가
보내는 신호

우선 신체가 보내는 신호에 응해야 한다. 이 신호를 무시하거나 자신에게 좋을 대로 아무 해가 없는 유리한 해석을 하지 말고 신체와 질병의 현실을 직시해야 한다. 네덜란드의 정신병리학자 반 덴 버그는 다음과 같이 저술했다.

"정말로 건강한 사람은 상처받기 쉬운 신체를 가지고 있으며, 그 사실은 자신이 잘 알고 있다. 이는 일종의 반응성responsibility을 만들어 내지만 그 반응성은 결코 당연한 일이 아니다."(반 덴 버그, 《병상의 심리학The Psychology of the Sickbed》)

언제든 병에 걸릴 수 있다는 생각을 하지 못한 채 살아가는 사람이 있는 반면, 상처 입기 쉬운 신체를 갖고 있으며 그 상처받기 쉽다는 사실을 인지하고 있는 '진짜 건강한 사람'은 자신이 무척 건강하다고 생각하면서도 언제든 병이 찾아올 수 있다는 사실 또한 잘 알고 있다. 사람이 병에 걸리는 건 운이 나빠서가 아니라 누구라도 피할 수 없는 일이다.

병을 피해 갈 수 없다는 데 수긍하고 언제든 병에 걸릴 수 있다는 사실을 인정해야 한다. 병에 걸렸을 때는 그 질병을 자신의 일로 받아들이는 것이 중요하다. 다행히 치유된다 해도 위기를 넘겼다는 데 만족하고 넘어가서도 안 된다. 이렇게 하는 것이 병을 외면하지 않고 똑바로 마주해 병에 걸린 신체가 건네는 말에 응답하는 일이며 책임이다.

신체가 보내는 신호에 응답한다고 썼지만 엄밀하게 말하면, 신호를 보내는 주체는 신체가 아니다. 신체에 이상이 있다는 것을 알아차리고도 그 신호를 무해한 해석으로 바꿔치기 하는 것도 신체가 아니며, 다행히 목숨을 건져 재활 치료에 힘쓰고 있을 때 '오늘 하루 정도 쉬어도 괜찮지 않아?' 하고 달콤한 말로 유혹하는 것도 신체가 아니다. 어떤 상황에서든 어떻게 하는 것이 자신을 위한 일이고 좋은 선택인지는 모두 '나' 자신이 판단하고 있다. 신체가 전하는 소리에 귀 기울이는 것도, 귀를 기울이지 않는 것도 바로 '나' 자신이다.

때로는 신체의 이상을 받아들이고(그런 의미에서 신체가 보내는 신호에 응하는 것이지만) 그렇게 함으로써 인생의 과제를 회피하는 이유로 삼는 경우가 있다. 다른 한편으로는, 병에 걸리더라도 이윽고 병세가 호전되면 바로 일에 복귀하는 사람이 있다. 일을 하는 것이 꼭 좋다는 말은 아니지만, 일을 할 수 있는데도 병을 핑계로 언제까지고 휴직 상태를 유지하는 건 일종의 과제 회피다.

소설가 야스오카 쇼타로는 전쟁 중에 육군으로 징병되어 만주로 떠났다가 흉부 질환 때문에 본국으로 송환됐다. 전쟁이 끝난 후 결핵성척추염(척추가 결핵균에 감염되어 생기는 질병—옮긴이)을 앓게 된 그는 요양 중 침상에 엎드려 머리맡에 원고지를 두고 글을 쓰기 시작했다. 육체의 고통을 잊고 그 고통에서 벗어나기 위해 자신의 말을 기록해 나간 것이다. 처음에는 하루에 두세 줄밖에 쓰지 못했지만, 그래도 매일 써 나가다 보니 어느새 다 쓴 원고가 상당한 분량이 된다는 걸 알게 됐다.

"맞아, 난 이 글을 쓰기 위해 살고 있는 거야."

그는 원고지에 자신만의 글을 쓰고 그것을 모자이크처럼 짜 맞춰 늘려 나갔다.

"그렇게 쓴 글이기에 내가 쓴 글은 나이에 안 어울리게 유치하다고 느껴질지도 모른다. 하지만 다른 관점에서 보면, 만들어진 사상이라든지 관념적인 개념과 같은 것들을 믿을 수 없게 되었다."(야스오카 쇼타로,《죽음과의 대면死との対面》)

병을 견디며 원고를 쓰기란 몹시 어려운 일이다. 그래서 사람들은 아무것도 하지 않고 그냥 누워 있는 게 좋지 않느냐고 말할지 모른다. 하지만 그는 고통에서 벗어나려고 글을 쓰기 시작했고, 결국

'이 글을 쓰기 위해 살고 있다.'라고 생각하게 됨으로써 그의 신체는 병의 지배에서 벗어나게 되었다.

앞서 질병(신체)이 나를 지배한 다음에는 내가 질병(신체)을 지배하는 단계를 회복으로 볼 수 있다고 말했다. 하지만 정확히 말해 야스오카 같은 사람이라면 병을 지배하고 있다는 의식도 없었을 것이다. 통증이 계속되는 한 통증은 인생의 과제와 맞서는 데 걸림돌이 되는 게 사실이지만, 병을 앓고 있는 자기 자신까지도 받아들일 수 있는 자세야말로 신체, 또는 병과 근본적인 관계를 맺는 방법이다.

무시간의 물가로
내몰릴 때

그다음은 병에 걸리든 아니든 사람이 살아가는 세상의 현실을 받아들이는 일이다. 반 덴 버그는 다음과 같이 말했다.

"모든 건 시간과 함께 움직이지만 환자는 무시간無時間의 물가에 밀려와 있다."(반 덴 버그, 《병상의 심리학》)

병에 걸리면, 당연히 있다고 믿어 왔던 미래가 없어질 거라고 생각하게 된다. 하지만 건강할 때 역시 미래는 아직 오지 않았다기보다는 없는 것이었다고 하는 편이 맞다. 단지 우리가 앞날의 인생이 보이는 것처럼 생각했던 것뿐이다. 일 때문에 어쩔 수 없이 예정돼 있던 약속이 취소될 수도 있고, 극단적으로 목숨이 위태로운 상황에 놓이게 되면 결국 내일이 올지조차 알 수 없게 되니, 내일이 꼭 오늘의 연장이라고 생각할 수만은 없다. 이런 사고의 전환은 병이 걸리기 전까지의 삶의 방식을 다시 돌아보는 계기가 되고, 이후의 인생을 어떻게 살아갈지 진지하게 마주함으로써 삶의 모습을 바꿔 주기도 한다. 이는 병에 걸림으로써 초래된 좋은 일이라고 할 수 있다.

반 덴 버그는 이런 말도 남겼다.

"인생을 가장 크게 오해하는 사람은 누구일까. 건강한 사람들이 아닌가."(반 덴 버그,《병상의 심리학》)

환자뿐 아니라 그 누구에게도 확실한 미래는 없다. '무시간의 물가'로 떠밀려 온 환자는 그 사실을 알고 있다. 시간이 사라진다는 건 내일이 온다는 명백한 진리가 무너지는 일이지만, 그런 의미에서 시간이 사라진다 해도 우리는 계속 살아가지 않을 수 없다. 과연 무시간의 물가로 내몰린 환자는 그 후의 인생을 어떻게 살아가야 할까.

인생은
직선이 아니다

아리스토텔레스는 키네시스Kinesis와 에네르게이아Energeia를 다음과 같이 대비했다(아리스토텔레스,《형이상학》). 보통의 운동, 즉 키네시스에는 시작점과 도착점이 있어 신속하고 효율적으로 달성되어야 한다. 이를테면 출퇴근이나 등하교 때는 한시라도 빨리 회사와 학교에 도착해야 한다. 목적지에 도착하기까지의 움직임은 아직 목적지에 도달하지 못하고 있다는 의미이므로 미완성 상태이고 불완전하다. '이루어지고 있는' 것이 아니라, 얼마만큼의 일을 얼마만큼의 기간에 '이루었는지'가 중요하다.

이에 반해, 에네르게이아에는 '이루어지고 있는' 것이 그대로 '이루어진' 일이다. 에네르게이아로서의 움직임은 항상 완전하며 '어디부터 어디까지'라는 조건과도, '얼마 동안'이라는 조건과도 관계가 없다. 이러한 움직임의 사례로 춤을 들 수 있다. 춤은 춤을 추는 일 자체에 의미가 있을 뿐 어딘가에 가기 위해 춤을 추는 사람은 없다. 춤을 춘 결과, 어딘가에 도달은 하겠지만 어딘가에 도달할 것에 목적을 두고 춤을 추는 사람은 없다.

그렇다면 살아가는 일은 키네시스인가 에네르게이아인가.

"당신은 지금 인생의 어느 지점에 있습니까?" 하고 물으면 대다수는 인생을 직선의 이미지로 떠올려 젊은이라면 직선의 왼쪽을, 중장년이라면 오른쪽을 가리킬 것이다. 이렇게 대답하는 까닭은 인생이 출생과 함께 시작돼 죽음에서 끝난다는 사고가 전제돼 있기 때문이다. 또 어떤 이들은 중간 지점인 반환점까지는 아직 멀었다거나, 반환점을 막 지났다고 대답하기도 하는데, 이를 어떻게 알 수 있겠는가. 이 대답은 아직 앞으로도 오래 산다는 것을 전제로 하고 있으나 실제로는 그 지점을 이미 오래전에 통과했을지도 모를 일이다. 나중이 되어 보지 않고서는 알 수 없다.

애초에 인생을 이러한 공간 개념으로 구체화해서 생각하고 출생에서 시작해 죽음으로 끝난다는 선분 형태로 그려도 좋을지는 명백하지 않다. 병을 앓는 사람은 내일이라는 날이 오지 않을지도 모르며, 오래 살 거라고 믿어 왔는데 그렇지 않을 수도 있다는 생각에 절망할지도 모르지만, 살아가는 일은 춤과 비슷해서 어딘가에 도달하지 않아도 시시각각 '지금'을 '살고 있다'고 생각하면 다르게 살아갈 수 있다. 나는 관동맥우회로술을 받기 전날 밤, 집도의 한 분과 한참 동안 대화를 나누었다. 그때 내가 "만약 제가 일흔 살이라면 수술을 받지 않을지도 모르겠어요." 하고 말하자 의사는 뜻밖에도 "왜죠?" 하고 그 이유를 물었다.

이 이야기를 하기 전에 이 의사는 "수술을 받지 않는다는 선택지도 있을 수 있다."라고 말했었다. 전날인데 이제 와 수술을 받지 않는 게 가능하냐고 물었더니 "당신의 몸이잖아요?" 하는 대답이 돌아와 솔직히 놀랐다. 이미 수술을 앞두고 만반의 준비를 해 놓은 시점에서 실제로 수술을 하지 않는 것이 현실적으로 가능할까? 하지만 그는 수술을 하지 않으면 의학적으로 어떤 결과가 초래될지 하는 문제는 차치하더라도, 자신의 신체인 만큼 스스로 책임을 지는 것이 좋고 또 그래야만 한다는 사실을 일깨워 준 것이다.

내가 의사에게 쉰 살이면 수술을 받겠지만(내가 수술을 받은 것은 쉰한 살 때였다), 일흔 살이면 받지 않을 거라고 말했을 때 나는 인생을

　　　　　　　　　　　　　　　5. 질병과 불안

직선적으로, 즉 키네시스의 관점으로 본 것이다. 그렇기에 일흔 살이면 수술을 받는다 해도 남은 인생이 길지 않을 테니 차라리 수술을 받지 않은 채 여생을 보내겠다고 상상했던 것이다.

하지만 인생을 시작이 있고 끝이 있다는 직선적 사고로 바라보지 말고, 에네르게이아로 인식해서 인생의 참된 의미가 지금 이 시간을 소중히 살아가는 데 있다고 생각한다면, 설령 여든 살이어도 수술 받을 결심을 할 것이다. 그도 그럴 것이 수술을 받는 까닭은 수술을 받지 않으면 생존할 수 없어서가 아니라, 수술을 받음으로써 살아갈 수 있게 된 인생을 에네르게이아로 살아가기 위해서이므로 남은 인생의 길이와는 관계가 없다.

오늘이
만족스럽도록

인생을 에네르게이아의 관점에서 보면 인생이 갑자기 끝났다고 해서, 젊어서 뜻을 이루지 못하고 도중에 어중간하게 끊긴 것이라고 볼 수만은 없다. 내일의 일은 그 누구도 알 수 없지만 미래에 무언가를 달성하지 않아도 삶은 지금 여기서 완성되는 것이기 때문이다.

회복한다는 것은 완치되어 신체가 원래 상태로 돌아오는 것이 아니라, 병에 걸리기 전에는 생각하지도 못했던 시점, 즉 에네르게이아로서 인생을 다시 보게 되는 일이다. 그렇게 되면 이제는 원래대로는 돌아갈 수 없으며 신체의 회복을 기다리지 않아도 된다는 것을 받아들이게 된다. 치료를 통해 다시 건강을 되찾을 수 있을지 모르지만 치료를 받으며 건강을 되찾을 때까지의 인생도 결코 가짜나 임시 인생이 아니라는 걸 알게 된다.

흔히 병에 걸리고서야 비로소 건강의 고마움을 깨닫는다고 말한다. 분명 맞는 말이지만, 건강의 소중함을 이야기한다는 것은 건강을 되찾을 수 있다는 것을 전제로 한다. 삶이 지금 완성된다면 설령 회복되지 않아도 절망할 필요가 없다.

병원에 입원하고 있는 동안은 밤에 잠이 잘 오지 않았다. 병원에서는 밤이 일찍 시작돼 오후 아홉 시가 되면 전등을 꺼야 했다. 그때부터는 독서등을 켜고 책을 읽었고 때로는 밤이 깊도록 잠들지 못할 때가 있었다. 그래서 수면유도제를 처방받았지만 그 약을 먹으면 두 번 다시 눈을 뜨지 못하는 게 아닐까 생각하니 불안해져서 도저히 먹을 수가 없었다. 약을 테이블 위에 꺼내 놓고서 먹을까 말까 고민했다.

하지만 목숨을 단순히 연장할 게 아니라 오늘 이날을 만족스러운 하루로 마칠 수 있다는 행복감이 불안을 이긴 뒤에는 아침 일찍 간호사가 채혈하러 병실에 들어와도 모를 정도로 잠에 푹 빠져들 수 있었다.

무언가
이루지 않아도

내가 더는 불안을 느끼지 않고 잠이 들고, 게다가 숙면까지 취할 수 있었던 이유는 무엇일까. 인생을 에네르게이아로 볼 수 있게 된 데다 자신의 가치를 무언가를 달성하는 데서 찾지 않아도 좋다는 사실을 깨달았기 때문이다. 시시각각 인생이 완성된다는 것은 아무것도 달성하지 않아도 된다는 뜻이다.

입원 중에는 가족이 병간호를 해 주고 친구들도 병문안을 와 주었다. 일자리를 잃어도 그런 것과는 상관없이 모두 내가 살아 있다는 사실에 기뻐했다. 이 일을 겪으면서 내가 살아 있는 것 자체가 다른 사람의 기쁨이 되고 도움이 된다는 것을 깨달았고 나 자신의 가치는 살아 있는 데 있다는 것을 알게 됐다. 만약 반대의 입장이 되어 가족이나 친구가 입원했다는 말을 들으면 나 또한 만사 제쳐 놓고 달려갈 게 분명하다. 그때 내 소중한 사람이 중태라 해도 살아 있다는 사실을 알면 더없이 기쁠 것이다. 그러자 똑같은 일이 내게 일어났다고 바꿔 생각해도 되겠다는 안도감이 들었다.

살아 있는 데 자신의 가치가 있다는 것을 알게 되면, 병이 걸리기 전에는 가치 있다고 여겼던 일들이 조금도 가치 없다는 사실을 깨닫게 된다.

미키 기요시는 '정신의 자동증automatism'이라는 말을 사용했다(미키 기요시,《인생론 노트》).

사람은 평소 생활에서는 별로 생각을 하지 않는다. 문화는 상식의 집대성과 같아서, 어떤 문화에서 나고 자란 사람은 그 문화권에서 상식이 되어 있는 사고방식에 무의식적으로 사로잡힌다. 그래서 자신의 생각이라 믿는 것도 사실은 누군가의 사고를 자신의 사고처럼 생각한 데 지나지 않는 경우가 많다. 이런 정신의 자동증을 깨뜨리는 것이 회의懷疑다.

"정신의 습관성을 깨뜨리는 것이 회의다. 정신이 습관적이 된다는 것은 정신 속으로 자연이 흘러든다는 것을 의미한다. 회의는 정신의 자동증을 파괴하며 이미 자연에 대한 지성의 승리를 나타내고 있다."(미키 기요시,《인생론 노트》)

아무 일도 일어나지 않으면 자신이 의심할 여지도 없이 상식으로 믿고 있는 사고가 정말 옳은가 아닌가 생각해 보지도 않을뿐더러 의심하지도 않는다.

하지만 질병은 정신의 자동증을 깨뜨린다. 앞에서 살펴봤듯이 인생을 바라보는 관점이 달라지고 자신에게 정말로 중요한 건 돈도 명예도 아니라는 사실을 비로소 깨닫게 된다. 성공이 곧 행복이라고 믿었던 사람도 병에 걸리면 성공은 목숨을 걸고 추구할 정도의 가치가 아니라는 사실을 절실히 느낀다.

삶은 진화가 아닌
변화

병에 걸리면 당장 여러 문제가 일어난다. 직장을 잃기도 하고 생계가 곤란해지기도 하며 가족과의 관계에 영향을 미치기도 한다. 병으로 인해 잃는 것이 너무 많아 병에 걸린 이 상황이 손해라고 여겨진다. 하지만 병이 정말 손해인지는 확실치 않다.

아들러는 모든 인간 생활이 '아래에서 위로, 마이너스에서 플러스로, 패배에서 승리로 진행한다.'라고 강조하고 이를 '우월성 추구'라고 했다(알프레드 아들러,《다시 일어서는 용기》). 하지만 나는 질병 상태가 '아래'도 '마이너스'도 아니며, 더욱이 '패배'가 아니라고 생각한다. 환자는 단지 병에 걸린 상태가 되었을 뿐이지 건강한 상태와 비교해서 열등한 건 아니다. 병에 걸리는 것을 패배라고 여기는 사고도 잘못됐다. 흔히 '코로나19에 지지 마.' 하는 식으로 말하지만, 코로나19에 감염된 사람은 코로나19에 진 것이 아니다. 마찬가지로 치유된 사람이 병과 싸워서 승리한 것이라고 말할 수도 없다.

회복될 가능성이 없다고 해서 연명 조치를 중단해도 되는 건 아니다. 질병과 장애 때문에 아무것도 할 수 없는 사람은 살아갈 가치가 없다거나 살아서는 안 된다고 생각하는 사람은 없기를 바라지만, 자신도 불치병에 걸릴 수 있다는 생각을 못하는 사람이라면 아무 생산적인 일을 할 수 없는 사람은 살아갈 가치가 없다고 여길

지도 모르겠다.

리디아 지하는 아들러가 제시한 '우월성 추구'라는 말이 '위아래'의 이미지를 불러일으키지만, 아들러가 '살아가는 일은 진화다.'라고 말할 때, 그 '진화'는 '위'가 아니고 '앞'을 향해 나아가는 움직임이며 여기에 우열은 없다고 말했다(리디아 지하,《리디아 지하의 수집품: 아들러식 관점》).

리디아 지하는 사람들이 모두 저마다의 출발점에서 목표를 향해 같은 땅 위를 앞으로 나아가고 있으며, 자신보다 앞서 걸어가는 사람이 있는가 하면 뒤에서 걷고 있는 사람도 있고, 빨리 걷는 사람도 있는 반면 천천히 걸어가는 사람도 있지만 단지 그뿐이라고 설명한다.

하지만 그러한 관점으로 봐도 앞을 향해 나아가는 것이 우월하다고 인식하는 사람이 많을 것이다. 애초에 인생을 '진화'라고 생각한다는 점에서 지하의 사고는 아들러와 같다.

병원에 입원했을 때 나는 재활 치료를 하러 병동과 병동을 연결하는 긴 복도를 걸어서 오갔다. 그때 나는 그 복도를 누구보다도 천천히 걸을 수밖에 없었기에 뒤쪽에서 다가온 사람들이 모두 나를 추월해 걸어갔다. '추월당했다'는 표현을 쓸 때는, 이미 나를 추월해 간 사람들이 나보다 우월하다는 전제가 깔려 있다.

느리더라도 앞을 향해 나아가면 된다. 타인은 관계없다. 그렇게 생각해도 앞으로 나아가는 사람 또는 앞에 있는 사람이, 앞으로 나가지 못하고 뒤처져 있는 사람보다 우월하며 진화되어 있다는 생각을 좀처럼 부인할 수는 없다. 이런 진화의 견지에서 바라보는 한, '위', '아래'가 아니라 '앞', '뒤'라는 관점을 도입한다 하더라도 역시 앞서 나갈 수 없는 노인이나 회복이 어려운 환자는 젊은이나 건강한 사람보다 뒤쳐져 있다는 생각을 하지 않을 수 없을 것이다.

재활 치료를 꾸준히 한 결과, 마침내 나는 긴 거리를 편하고 빠르게 걸을 수 있게 됐다. 그러자 나 역시도 나보다 늦게 재활 치료를 시작해서 아직 짧은 거리밖에 걸을 수 없는, 지금은 아직 천천히 걸을 수밖에 없는 사람을 추월하게 됐다. 하지만 그렇다고 내가 그 사람들보다 우월한 것은 아니다. 앞에서 걸어가든 뒤에서 걸어가든, 빠르게 걸어가든 천천히 걸어가든 그 현상에 우열의 잣대를 들이댈 일은 아니다. 사람은 제각각 자신의 속도로 걷고 있을 뿐이다.

치료를 받고 재활 훈련을 하는 것은 마이너스 상태에서 플러스 상태가 되기 위해서가 아니다. 또한 회복이란 병에 걸리기 전과 똑같은 상태로 돌아가는 것을 의미하지 않는다. 앞서 말했듯 회복이 불가능한 질병도 있다. 그렇다고 해서 재활 치료가 무의미하다고 할 수 있을까. 사람의 가치는 살아 있는 데 있으므로 병이 있는지 건강한지와는 관계없다.

아버지는 병원에 입원해 있는 동안에 물리치료사의 도움을 받으며 열심히 재활 훈련에 임했다. 도중에 휴식 시간이 있었는데 잠깐 쉰 다음 바로 "한 번 더!" 하고 제안한 사람은 늘 아버지였다. 아버지는 예전처럼 걸을 수 있기 위해서가 아니라, 그 순간 걸을 수 있다는 사실에 기뻐하는 듯 보였다.

살아가는 일이 진화가 아니라면 과연 무엇일까. 삶은 '진화'가 아닌 '변화'다. 앞으로 나아갈 수 없게 되었다 해도 그때그때 사람들의 모습은 전부 살아 있으며 결코 우열이 아니다. 어린아이가 할 수 있는 일이 나날이 늘어나는 것도, 건강한 사람이 병에 걸리는 것도, 그리고 나이가 들며 젊었을 때 어려움 없이 척척 해 내던 일을 할 수 없게 되는 것도 모두 변화일 뿐, 예전의 상태와 지금의 상태를 비교해서 진화했다거나 퇴화했다고 여기지 않아도 된다.

변화하지 않는 것도 변화하지 않는다는 변화다. 실제로는 변화하지 않는 것이 하나도 없다. 변화를 알아차리지 못하는 경우는 물론 있다. 아이들처럼 눈에 띄게 성장하는 일은 이제 없다고 해도 조금씩 달라지는 변화라면 자신에게서도 일어나고 있다는 사실을 누구나 깨달을 수 있을 것이다.

변화가 반드시 좋다는 의미도 아니다. 또한 변화해야 한다고 말하는 것도 잘못됐다. 예전과 지금을 비교해 변화를 알아차린다 해도, 혹은 할 수 있게 되는 것도 할 수 없게 되는 것도 그 가치는 모두 같다.

환자만
할 수 있는 일

병에 걸리거나 나이가 들어 아무것도 할 수 없게 되었을 때, 가족에게 간병을 받게 될 것을 두려워하는 사람들이 있다. 그럴 바에는 아무에게도 폐를 끼치지 않고 죽을 수 있으면 좋겠다고 생각하기도 한다. 하지만 간병을 받는 일은 다른 사람에게 폐를 끼친다거나 힘들게 하는 일이 아니다.

스스로 아무 일도 할 수 없는 사람을 간병할 때도, 또는 자신의 힘으로 할 수 있는 게 거의 없는 어린아이를 돌볼 때도, 수고를 마다하지 않을 뿐만 아니라 기쁜 마음으로 하는 사람도 있다. 이는 그들이 공헌감을 갖고 있기에 가능한 일이다. 물론 공헌감을 충족하기 위해 간병을 하는 건 아니겠지만, 간병을 받는 사람은 폐를 끼치는 게 아니라 가족과 주위 사람들이 공헌감을 가질 수 있게 기여하는 것이다.

동화작가이자 교육자인 미야자와 겐지는 자신보다 두 살 어린 여동생 도시코를 헌신적으로 간호했지만 동생은 스물네 살에 세상을 떠나고 말았다. 겐지가 쓴 시 〈영결의 아침〉은 이 여동생을 생각하며 지은 것이다. 이 시에서 도시코는 다음 생에 태어날 때는 병으로 고통스럽더라도 이렇게 자신의 일만으로 괴로워하지 않게 태어나겠다고 말한다.

병에 걸리면 자신의 일만으로도 머리가 꽉 차서 타인의 일까지 생각하지 못하기 마련인데, 도시코가 자신의 일만으로 괴로워하지 않겠다고 하는 데 감동을 받았다.

진눈깨비가 내리던 아침, 도시코는 겐지에게 "진눈깨비를 떠다 주세요." 하고 부탁했다.

아아, 도시코
죽음을 눈앞에 둔 지금도
나를 한평생 밝게 하려고
이런 산뜻한 눈 한 사발을
너는 내게 부탁하는구나
고맙다, 나의 대견한 누이여
나도 흔들리지 않고 나아가련다

미야자와 겐지는 도시코가 눈을 한 사발 떠다 달라고 부탁한 까닭은 자신을 평생 밝게 해 주기 위해서라고 말한다. 하지만 도시코는 자신이 이러한 방법으로 겐지에게 공헌하고 있다는 것을 알지 못했다. 인간의 가치는 살아 있는 데 있다. 살아 있는 것이 그대로 타인의 기쁨이며 살아 있는 것만으로도 타인에게 공헌하고 있는 것이다. 병에 걸렸다고 해서 자신이 가치 없다고 생각하지 않아도 될 일이다. 하지만 도시코는 그렇게 생각하지 않았던 것 같다. 그래서 다음 생에는 이렇게 자신의 일만으로 괴로워하지 않도록 태어나고 싶다고 말한 게 아닐까. 도시코가 아니더라도 누구나 병에 걸리면 다른 사람에게 폐만 끼친다고 생각하게 된다.

하지만 도시코는 눈을 한 사발 원함으로써 겐지의 일생을 밝게 해 주었다. 겐지가 여동생에게 고맙다고 한 말은 여동생에게 공헌할 수 있었던 데 대한 감사의 표현이다. 앞서 말했듯 환자는 가족을 힘들게 하기는커녕 가족으로 하여금 공헌감을 갖게 한다는 광

삶은 '진화'가 아닌 '변화'다.
앞으로 나아갈 수 없게 되었다 해도
그때그때 사람들의 모습은
전부 살아 있으며
결코 우열이 아니다.

경을 그린 것이다.

이 시에서는 도시코가 겐지를 평생 밝게 해 주기 위해 눈 한 사발을 부탁했다고 나와 있지만, 겐지는 처음부터 여동생의 존재 자체가 자신을 평생 밝게 한다는 것을 알고 있었던 게 분명하다.

회복이 전하는
희망의 메시지

환자가 공헌한다는 데는 또 하나의 의미가 있다.

플라톤의 《국가》에는 '동굴의 비유' 이야기가 실려 있다. 땅속 깊은 곳에 동굴이 있고 그곳에는 바깥세상의 빛을 향해 열린 커다란 구멍이 있다. 사람들은 어릴 때부터 손발이 묶인 채 움직일 수 없어 앞쪽만 보고 있다. 머리 위쪽으로 타오르는 불이 있고 그 불이 사람들을 뒤에서 비추고 있다. 이 불과 불 사이에 길이 위쪽으로 나 있고 그 길을 따라 낮은 벽이 설치돼 있다. 누군가 도구나 모형들을 들고 이 길을 걸어간다. 그러면 그 그림자가 불빛에 투영돼 벽에 비친다. 꽁꽁 묶여서 목을 뒤로 돌릴 수 없는 사람들은 그림자밖에 볼 수 없어 그 그림자를 실재라고 생각하게 됐다.

그러던 어느 날 그들 중 한 사람을 풀어 주고 일어나게 해 강제로 목을 돌리게 했다고 하자. 무슨 일이 일어났을까. 그는 그동안 그림자밖에 보지 않았기 때문에 밝은 빛을 보자 눈이 부셨고 지금 보고 있는 것이야말로 실제 사물이라는 말을 들어도 믿지 못한다. 만약 강제로 직접 빛 자체를 바라보게 한다면 이 사람은 눈이 아파 제대로 보지도 못하고 몸을 돌려 자신이 잘 볼 수 있는 방향으로 도망가려 할 것이다.

게다가 지하 동굴의 바깥으로 난 급격한 비탈길로 끌려간다면 빛이 눈으로 가득 쏟아져 진실이라고 생각했던 것들이 무엇 하나 보이지 않게 된다. 하지만 마침내 포승이 풀리면 그 위쪽의 세상에 있는 사물이야말로 '항상 본연의 모습을 유지하는 것'(이데아)이라는 사실을 알게 된다. 그래서 이제는 벽에 비친 것이 진짜가 아니라고 믿게 된다.

이바라기 노리코는 전쟁 중, 학교에서 약품 제조공장으로 동원령이 내려졌을 때 겪은 일을 다음과 같이 기록했다.

"'지금은 비상시다, 서로 어디서 죽더라도 어쩔 수 없다고 생각해라.' 하는 아버지의 말을 뒤로하고 밤차로 떠나기 위해 고향 역 앞에 섰을 때 하늘 가득히 빛나는 별이 펼쳐져 있었고 그중에서도 유난히 반짝이는 전갈자리가 너무도 예뻤다. 당시 나의 유일한 즐거움은 별을 바라보는 일이었고 그것만이 내게 남겨진 단 하나의 아름다움이었다. 그래서 배낭 속에도 성좌 조견도를 넣는 것만은 잊지 않았다."(이바라기 노리코, 〈스무 살이 패전はたちが敗戦〉,《이바라기 노리코 시선집-말 1茨木のり子集-言の葉 1》)

이바라기가 '전갈자리에서 가장 빛나는 붉은 별 안타레스Antares'를 노래한 시가 있다(이바라기 노리코, 〈여름의 별에夏の星に〉).

시인은 여름 하늘에 빛나는 별들에게 말을 건다.

아름다운 이들이여
내가 지상의 보석을 탐하지 않는 것은
이미
당신들을 보고 말았기 때문이라네 분명히

하늘의 아름다움을 '보고 말았던' 이바라기의 관심은 영원한 아름다움, 플라톤의 말을 빌리자면 아름다움의 이데아를 향하고 이세상의 변해 가는 아름다움에서 마음이 멀어진 것이리라.

지상의 보석을 탐하지 않는다는 말은 상식적인 가치관에서도 동떨어져 있다는 뜻이다. 별들로 빛나는 하늘을 바라보며, 내일 살아있을지 알 수 없는 시대에는 '지상의 보석'을 추구하는 데 의미가 없음을 깨달은 것이다. 건강할 때는 지상의 보석을 갖고 싶어 하고 그것을 얻기 위해 일하던 사람도 병에 걸리면 이와 같은 깨달음을 경험한다. 가치가 있다고 생각했던 돈이나 명예, 또는 사회적 지위에는 전혀 가치가 없었다는 사실을 알게 되는 것이다.

미키 기요시는 인생을 모래사장에서 조개를 줍는 일에 비유했다. 이 모래사장의 저편에는 커다란 소리를 내는 어두운 바다가 있다. 이를 알아차린 사람이 있는가 하면 전혀 알아차리지 못하는 사람도 있다. 그런데 '무언가의 기회가 그들을 일깨웠을 때' 바구니 안을 들여다보자 예전에 아름답다고 생각해 주었던 것이 흉하기 짝이 없고, 빛난다고 여겼던 것이 광택 없는 물건이며, 조개라고 생각했던 것이 돌이라는 사실을 알아차린다. 그 '무언가의 기회' 가운데 하나가 바로 병에 걸렸을 때다.

"하지만 이미 그때는 그들의 옆에 펼쳐져 있던 바다가 집어삼킬 듯한 거센 파도를 일으켜 덮쳐 와 그들을 여지없이 깊은 어둠 속으로 휩쓸어 갈 때다."(미키 기요시,《알려지지 않은 철학語られざる哲学》)

여기서 '집어삼킬 듯한 거친 거센 파도'란 죽음을 가리킨다. 죽음은 한평생 열심히 주워 모은 조개와 함께 사람을 깊은 어둠 속으로 휩쓸어 간다. 인생의 마지막에 죽음이 기다리고 있다는 것을 모르지는 않을 텐데, 병에 걸리기 전에는 그런 생각을 조금도 하지 않는다.

나는 병에 걸렸을 때 플라톤의 '동굴의 비유'를 떠올렸다. 나 또한 병에 걸리고서야 어둠에서 빛 쪽으로 방향을 바꾸는 데 견줄 만한 경험을 한 것이다. 이바라기 노리코나 미키 기요시의 말을 빌리면, 정말 가치가 있는 것과 그렇지 않은 것이 왜 존재하는지를 알게 되었다는 뜻이다. 앞서 살펴본 것처럼, 환자는 반 덴 버그가 말하는 '무시간의 물가'에 떠밀려 와 있다. 회복될지 아닐지는 알 수 없고 이미 원래대로 돌아갈 수 없지만, 병에 걸리기 전에는 보이지 않았던 것들을 볼 수 있게 되리라 생각한다.

물론 병에 걸려도 금세 원래대로 돌아오는 사람은 있다. 그런 사람은 몸 전체를 빛 쪽으로 돌리지 않고 목만 돌렸을 뿐이어서 회복되었을 때 곧 원래 상태로 되돌아온다.

내가 흥미롭게 생각한 것은 포승이 풀려 이데아를 보게 된 철학자가 그 세계에 머물도록 허가받지 못하고 다시 동굴 속으로 돌아가야 하는 상황이다. 환자가 완치되지 않았더라도 증세가 어느 정도 완화되면 언제까지나 병원에 머물도록 허락되지 못해 현세로 돌아와야만 하듯이.

철학자 시몬 베유는 이때 철학자가 자신의 육체에 성육신成肉身하는 것이나 다름없다고 말한다.

"요컨대 혼을 신체에서 떼어 내 신에게로 이르는 죽음의 여로를 경험한 뒤 이 세계에, 이 지상의 삶에 초자연적인 빛을 나눠 주기 위해서 성인은 자신의 신체에 어떠한 형태로 성육신해야만 한다."(시몬 베유,《그리스의 원천La Source Grecque》)

당연히 예수보다 전 시대에 태어난 플라톤이 성육신이나 성인 같은 말을 사용했을 리는 없지만, 나는 심근경색으로 입원했을 때 시몬 베유가 쓴 이 한 구절을 읽고 생환한 데는 의미가 있다고 생각했다.

살아서 돌아와 무엇을 할지는 사람마다 다르겠지만 병에 걸림으로써 배우고 알게 된 것을 사람들에게 전할 수 있다. 병에 걸려 보지 않은 사람은 알 수 없는 것들이 있으니, 같은 병에 걸려 앞으로 무슨 일이 일어날지 몰라 불안해하는 사람들에게 자신의 경험을 들려줄 수도 있고, 병에 걸린 뒤에 깨닫게 된 인생에 관해 새로운 관점을 제시해 줄 수도 있다.

지금은 건강한 사람들에게 이런 것들을 전달하는 일이 생환한 환자가 세상에 공헌하는 방법이다. 설령 치유되지 않아도 병에 걸리기 전에는 보이지 않았던 것이 보였다는 사실 자체에 의미가 있으며, 그러한 깨달음을 병에 걸리지 않은 사람에게 전해 줄 수 있다면 거기서 질병의 의미를 찾을 수 있다. 병에 걸린 것도 좋은 경험이라는 말은 이런 의미이며, 이는 병에 걸린 사람밖에는 할 수 없는 말이기도 하다.

큰 병으로 쓰러진 운동선수가 불굴의 정신력으로 훈련에 임해 병에 걸리기 전과 다름없이 뛰어난 기록을 달성하는 모습은 분명 많은 사람들에게 용기를 불어넣어 줄 것이다. 하지만 더욱 중요한 것은 병을 겪으면서 무엇을 배웠는가다. 현역으로 복귀할지 아닐지는 결과에 지나지 않는다. 운동을 그만둔다고 해서 결코 그 사람의 가치가 떨어지는 것은 아니다.

6.

나이 듦과 불안

"지금 청년의 체력을 부러워하지 않는 것은,
젊었을 때 소나 코끼리의 힘을
부러워하지 않았던 것과 같다."

- 키케로

우리는
모두 늙는다

젊을 때는 나이 듦이 아직 현실적으로 느껴지지 않겠지만, 젊은 사람도 여지없이 나이가 들고, 오래 살다 보면 언젠가는 직면하게 될 문제다. 사람은 누구나 나이가 들면서 점차 노화를 의식하게 된다. 자신은 여전히 젊다고 생각해도 어느새 치아가 약해지고 가까이 있는 글씨가 잘 보이지 않으며 귀도 잘 들리지 않게 된다. 노화를 의식하기 시작하는 시기는 사람마다 다르다. 나이가 들어도 자신이 늙었다고 의식하지 않는 사람도 있다. 노화는 갑자기 어느 순간부터 어떤 일을 할 수 없게 되는 것이 아니다. 할 수 있던 여러 가지 일을 조금씩 할 수 없게 되는 것이기에 갑자기 병으로 쓰러질 때보다는 변화를 받아들이기가 쉽다.

늙음도 질병과 마찬가지로 '퇴화'가 아닌 '변화'다. 늙은 현재는 젊었을 때에 비해 열등한 것이 아니라, 단지 늙은 상태에 있을 뿐이다. 거꾸로 말해, 건강과 젊음이 우월하다거나 플러스 요소라고 할 수도 없다.

하지만 스스로 늙었다고 생각하고 싶지 않아도 할 수 없는 일이 늘어나다 보면 이것을 단지 변화라고 받아들이기 힘들 수 있다. 지금까지는 다른 사람에게 의지하지 않고 살아왔건만 앞으로 가족에게 간병을 받지 않고는 살 수 없는 상황이 벌어질지도 모른다고 생각하면 꼭 경제적 불안이 아니더라도, 미래가 불안해진다.

경제적 불안 요소까지 있다면 불안이 더욱더 증폭되는 게 당연하겠지만, 그게 아니더라도 이것저것 할 수 없는 일이 늘어나는 등 건강상의 이유로 가족에게 폐를 끼치는 건 아닐까 하는 대인관계 문제만으로도 불안은 찾아온다.

할 수 있는 일이
줄어든다 해도

늙음은 또한 가치의 문제이기도 하다. 내 아버지는 젊다고는 할 수 없는 나이가 되었을 때 전철 안에서 자리를 양보받는 걸 끔찍이도 싫어했다. 소설가 구로이 센지는 전철 안에서 초등학생에게 자리를 양보받고 벌써 자리 양보받을 나이가 되었나 하고 감개에 젖었다고 밝혔다(구로이 센지,《늙는다는 것老いるということ》).

나 자신의 경험에 비추어 보면, 관동맥우회로술을 받고 나서 오랫동안 가슴에 붕대를 감고 있었다. 그 모습을 본 사람들이 전철에서 자리를 양보해 준 일이 몇 번인가 있었다. 붕대를 감고 있지 않았다면 수술을 받은 지 얼마 되지 않았다는 사실을 아무도 눈치채지 못했을 것이다. 자리를 양보받자 나도 아버지나 구로이 센지처럼 당황하기는 했지만, 사실은 서 있기가 너무 힘들어서 누군가 자리를 양보해 줬으면 좋겠다고 생각하면서도 차마 말을 꺼내지 못하고 있었기에 고마운 마음이 들었다. 자리를 양보해 주길 바란다면 말하면 된다. 아마 이에 거절하는 사람은 없을 것이다.

늙음에 관한 문제는, 할 수 없으면서도 할 수 있다고 생각하는 데 있다. 할 수 없다고 해서 자신의 가치가 낮아지는 것은 아니다. 인간의 가치는 무언가를 할 수 있다는 데 있다고 생각하는 사람이 병이나 늙음 때문에 여러 가지 일을 하지 못하게 되면 이제 자신은 살아갈 가치가 없다고 비관하기도 한다.

정년을 맞이한 사람이 암담한 기분을 느끼는 이유도 자신은 이미 가치가 없다고 생각하기 때문이다. 그래서 어떻게든 일을 계속하려고 한다. 물론 생활을 위해서 일을 계속할 필요는 있지만, 자신에게 가치가 있다고 믿고 싶어서 일하는 거라면, 병에 걸렸을 때 실의의 나날을 보내는 것이나 다름없다.

또한 나이가 들면 몸이 불편해지기도 하지만 건망증이 심해져 실제 생활에 지장이 생기는 문제도 발생한다. 아들러는 이러한 상황이 되면 자신을 과소평가하게 되고 심한 열등감마저 생긴다고 말했다(알프레드 아들러, 《예민한 성격에 대하여Über den nervösen Charakter》).

노화는 주관적인 감각이 아니라는 점이 문제를 한층 복잡하게 만든다. 이 경우도 건망증이 심해진 것을 이유로 내세워, 할 수 있는 일도 할 수 없다고 하는 사람이 있다. 예전보다 기억력이 떨어지고 금방 잊어버린다고 해서 새로운 일에 도전하지 않으려고 하는 것이다. 대부분의 일은 학생 때처럼 열심히 파고들면 익히지 못할 리 없는데도 그러한 노력을 쏟고 싶지 않은 사람이 기억력 감퇴를 과제에 도전하지 않기 위한 구실로 삼는다.

늙음에 관한 문제는,
할 수 없으면서도
할 수 있다고
생각하는 데 있다.

그런 사람은 젊을 때부터 과제를 회피하는 경향이 있었을 것이며, 노년이 괴롭기만 할 게 분명하다.

노화는
불행이 아니다

질병과 마찬가지로 나이 듦은 죽음의 문제와 밀접하게 연결되어 있다. 단지 나이가 들어서가 아니라 늙어 가는 그 끝에 죽음이 기다리고 있기 때문이다. 아들러는 다음과 같이 강조했다.

"신체가 빠르게 쇠락해 가고 마음이 흔들리는 것은 '죽으면' 완전히 소멸된다는 증거라고 두려워하는 사람이 많다."(알프레드 아들러,《삶의 의미》)

질병, 노화, 죽음에 어떻게 대처할지는 사람마다 다르지만, 같은 사람이라면 어떤 문제에 관해서든 대처 방법이 같다. 타인에게 도움을 받아도 당연하다고 생각하는 자기중심적인 사람이 있는가 하면, 질병과 노화를 이유로 자신의 과제에서 도망치려고 하는 사람도 있다. 이런 사람들은 자신이 불행하다고 생각하겠지만, 병에 걸리거나 노화가 진행되어서가 아니라 젊을 때부터 그랬을 것이다.

플라톤의《국가》에는 다음과 같은 논의가 실려 있다. 소크라테스는 신념이 깊고 온후한 노인 케파로스와 이야기를 나눈다.

노인들은 술을 마시거나 떠들썩하게 모여 놀기도 하고 섹스를 즐기던 젊은 시절의 쾌락이 현재는 없다는 것에 탄식하며, 옛날에는 행복했는데 지금은 살아 있는 것 같지 않다고 슬퍼했다. 개중에는 가족이 노인을 학대한다고 하소연하는 사람도 있었다. 그들은 이러한 일을 핑계 삼아 노년이 자신들에게 얼마나 큰 불행의 원인인지를 호소했다.

그러나 케파로스는 소크라테스에게 말한다.

"제가 보기에 이 사람들은 진짜 원인이 아닌 것을 원인이라고 생각하고 있습니다."

노년이 불행의 원인이라면, 자신도 같은 경험을 하고 있어야 하는데, 자신은 그렇지 않다는 뜻이었다. 그렇다면 불행의 원인은 무엇일까?

"소크라테스, 그건 노년 때문이 아니라 그 사람의 성격입니다. 반듯하고 만족을 아는 사람이라면 노년도 그렇게 고생스럽지는 않을 테지요. 하지만 그렇지 않다면 그 사람에게는 노년이든 청춘이든 다 괴로울 겁니다."

여기서 케파로스가 반듯하고 만족을 알지 못한다면 '청춘도 괴로울 것'이라고 말한 데 주목해야 한다. 나이가 들었다고 해서 누구나 노년을 괴롭다고 여기지 않으며, 반대로 청춘도 '반듯하고 만족을 알지 못하면' 행복할 수 없다.

물론 나이가 든다고 누구나 반듯하고 만족을 알게 되는 건 아니다. 하지만 젊을 때 만족을 아는 삶을 살아온 사람은 나이가 들어도 변함이 없다. 만족할 줄 모르는 사람은 이미 필요한 걸 갖고 있는데도 늘 만족하지 못한다. 밑바닥에 구멍이 뚫린 꽃병에 물을 줘도 언제까지고 물이 채워지지 않는 것과 같다.

나이가 들면 분명히 할 수 없는 일이 늘어난다. 하지만 그렇다고 해서 불행한 건 아니다. 예전에 갖고 있던 것이 지금은 없다고 불평하는 사람은 젊을 때도 틀림없이 그랬을 것이다. 그런 사람은 젊었을 때나 나이 들었을 때나 그 무엇을 소유한다 해도 만족하지 못한다.

지금 내게
주어진 것들

어떻게 해야 인생이 힘들지 않을까. 키케로는 다음과 같이 말했다.

"지금 청년의 체력을 부러워하지 않는 것은, 젊었을 때 소나 코끼리의 힘을 부러워하지 않았던 것과 같다. 있는 것을 사용하고 무슨 일을 하더라도 체력에 맞게 행동하는 것이 좋다."(키케로,《노년에 대하여》)

이는 아들러가 "중요한 것은 무엇이 주어졌느냐가 아니라 주어진 것을 어떻게 사용하느냐."라고 한 말을 상기시킨다(알프레드 아들러,《왜 신경증에 걸릴까》).

아들러는 '갱년기의 위기'에 관해서도 언급했다. 갱년기가 반드시 위기인 것은 아니다. 하지만 젊음과 아름다움에서만 가치를 찾던 사람이라면 갱년기에 "남들의 시선을 의식해 힘들어하고 마치 부당한 공격을 당하기라도 한 듯이 적대적인 태도를 취하며 불쾌해하다가 마침내는 우울증에 빠지기도 한다."(알프레드 아들러,《삶의 의미》)

사람은 언제까지나 젊을 수 없다. 나이가 들면 더 이상 젊음은 없지만 아름다워지지 않는 건 아니다. 아름다움을 젊음과 연결 지어 생각하는 사람이 나이 들면 아름다워지지 않는다고 생각할 뿐이다. 젊음과 아름다움에서만 자신의 가치를 찾던 사람은 나이가 들면 실망하게 된다.

아들러는 이제 아무도 자신을 필요로 하지 않을 거라고 걱정하는 노인은 자녀가 하는 말을 전혀 거절하지 않는 자상한 노인이 되거나, 이러쿵저러쿵 참견하는 비평가가 될 거라고 말한다. 또한 노인들이 자신을 쓸모없다고 느끼지 않도록 "예순, 일흔 혹은 여든 살이 된 사람에게도 일을 그만두라고 권해서는 안 된다."라고 조언한다(알프레드 아들러,《삶의 의미》).

하지만 아들러는 일하기를 권할 때 어떤 일을 할 수 있는가 하는 잣대로 인간의 가치를 측정하는 사고관에서 벗어나지 못했다. 일을 하고 있든 아니든, 또는 어디에도 소속되어 있지 않아도 '무소속 시간'을 '인간으로서 인간을 소생시켜 더욱 크게 성장시키는 시간'(시로야마 사부로,《무소속의 시간에서 살아가다》)이라고 생각하려면 인간의 가치를 생산성이 아니라 살아가는 데 있다고 봐야 한다.

잃어버린 젊음과 아름다움, 그리고 건강을 한탄할 게 아니라 자

6. 나이 듦과 불안

사람은 언제까지나 젊을 수 없다.
나이가 들면 더 이상 젊음은 없지만
아름다워지지 않는 건 아니다.

신이 살아 있는 것 자체가 다른 사람에게 공헌하고 있다고 생각하자. 노년기의 위기를 극복하는 데는 이런 사고가 필요하다.

축적된
기쁨

젊었을 때와 비교해 현재가 우월하다고 할 수는 없지만 지식과 경험이 축적돼 있는 만큼 오래 살아 감사할 일이라고 생각한다. 물건이나 돈에 대한 집착은 전혀 없지만, 만약 다시 한번 젊은 시절로 돌아갈 수 있다고 해도, 현재까지 축적된 지식과 경험을 초기화해야 한다는 조건이라면 한 치의 망설임도 없이 젊은 날로 돌아가지 않고 지금 이대로 살아가는 길을 택할 것이다. 경험을 쌓기만 한다고 현명해지는 건 아니지만 기억력 같은 지력知力이 아니라 이른바 종합력으로서의 지력을 갖추고 싶다면 젊을 때부터 오랜 세월에 걸쳐 경험에 기반한 끈기 있는 사색 능력을 축적해야 한다.

정신과 의사 가미야 미에코는 저서 《삶의 보람에 대하여》를 집필하던 중, 일기에 다음과 같이 썼다.

"과거의 경험과 공부를 전부 활용해 하나로 아울러 통합할 수 있다는 것은 얼마나 감동적인가. 매일 그것을 생각하고 또 생각할 때마다 마음속 깊이 기쁨이 차오른다."(가미야 미에코, 《삶의 보람에 대하여》)

　　　　　　　　　　　　　　　6. 나이 듦과 불안

그때까지 인생에서 경험한 일을 '전부 활용해 하나로 아울러 통합하는' 일은 기쁨이다.

7.

죽음과 불안

"인간은 한 줄기 갈대에 지나지 않으며
자연 중에서 가장 약하다.
하지만 인간은 생각하는 갈대다.
설령 우주가 그를 무너뜨려도 인간은 우주보다 더 고귀하다.
인간은 자신이 죽는다는 사실과
우주가 자신보다 우세하다는 사실을 알고 있기 때문이다."

– 블레즈 파스칼

누구도
알 수 없는 죽음

질병과 노화 앞에 기다리고 있는 죽음, 그런 죽음이 무엇인지는 아무도 모르기 때문에 우리는 불안하지 않을 수 없다. 죽음에 대한 불안이 너무 크면 일도 손에 잡히지 않을뿐더러 그 어떤 것에도 정신을 집중하기가 쉽지 않다. 질병과 노화에 관해서는 자신이 경험하지 않아도 가족이나 주변 사람들을 보면 어느 정도는 상상할 수 있으며, 병에 걸리거나 노년을 맞이하면 어떤 변화가 생기는지를 이미 경험한 사람에게 물어볼 수도 있다.

물론 자신이 직접 체험하면 상상했던 것과는 다를 수도 있다. 일중독이었던 사람은 병으로 인해 더 이상 일하지 못하게 되는 상황을 두려워하겠지만, 다른 사람들은 일을 쉬면서 느긋하게 입원해 보는 것도 나쁘지 않다고 생각할 수 있다. 하지만 실제로 입원해 보면 느긋하게 지내기는커녕 끊임없이 괴롭히는 통증과 고열 때문에 아무것도 할 수 없다.

다른 사람을 보면 노화나 질병이 어떤 것인지 짐작할 수 있을 거라고는 했지만, 사실 누구나 노화와 질병을 똑같이 체험하는 건 아니다. 이에 관해서는 앞서 살펴본 바와 같다. 병에 걸려도 거뜬히 지내는 사람을 보면 병이 그다지 고통스럽지 않을 거라고 상상하겠지만, 이 또한 실제 병에 걸려 보지 않고서는 어떨지 알 수 없다.

노화나 질병도 이럴진대 누구도 살아 있는 동안에는 체험할 수 없는 죽음에 대한 불안은 한층 더 어려운 문제다. 자신이 죽을 때는 그동안 타인의 죽음을 보며 상상했던 것과는 전혀 다를 것이다. 타인이 죽을 때는 그 사람이 이 세상에서 없어지는 것이지만, 자신이 죽으면 자신도 세상도 '무'가 될 수 있다. 그렇다면 자신이 생각하던 죽음과는 다르다는 사실조차 알 수 없을 것이다.

그래도 인간이 반드시 죽음을 맞이하는 존재라는 사실이 과연 어떤 의미인지를 생각해 봐야만 한다. 인간이 피해 갈 수 없는 죽음을 생각할 때 생기는 불안은 실존적 불안이라고 할 수 있으나 인생의 과제를 회피하기 위해 만들어지는 죽음의 불안도 존재한다.

이번 장에서는 우선 인생의 과제를 회피하기 위한 죽음의 불안에 대해 생각해 보고, 다음으로 반드시 죽게 되어 있는 존재로서의 인간이라는 관점에서 생기는 실존적 불안에 관해 생각해 보자.

불안하다는
거짓말

블레즈 파스칼에 따르면 '인간이 반드시 죽게 된다.'라는 현실과 마주하는 것을 두려워하는 사람은 '위락'을 추구한다. 앞서 서술했듯 위락이란 위안 또는 기분 전환이라는 의미다. 위락은 불안정한 감정을 덮어 준다.

위락에 의지해 자신이 마주해야만 하는 과제로부터 도망치거나 마주하기를 회피하는 사람이 있다. 죽음에 대한 불안도 위락이라 할 수 있다. 죽음에 대한 공포를 과장함으로써 마주해야만 하는 인생의 과제로부터 죽음을 향해 의식을 돌려 도망치는 것이다.

언제나 죽음만을 생각하고 있으면 살아가는 데 소홀하게 된다. 무언가에 정신이 팔려 있어 누가 무슨 이야기를 하든 건성으로 흘려듣는다. 죽음만 생각하는 사람은 자신이 맞서야 할 현실을 외면하기 위해 죽음을 생각하고 불안해진다. 아무 일도 손에 잡히지 않는 상태를 만들기 위해 죽음을 두려워하며 불안해지는 것이 사실이다.

아들러는 사람이 죽음과 질병을 두려워하는 것은 아무 일도 하지 않고 살아가기 위한 구실이라고 지적했다. 일을 하지 않고 지내려는 까닭은, 앞서 말했듯 실패할까 봐 그리고 기대만큼의 결과를 내지 못할까 봐 두렵기 때문이다.

아들러는 신경증 환자에 관해 다음과 같이 설명한다. 실패는 허영심과 위신에 대한 위협이다. 성공할 가망이 없으면 과제에 도전하려 하지 않는다. 실패로 인해 자존감과 위신을 잃게 될 것이 두렵기 때문이다. 실패해서 자존감과 위신을 잃으니 죽음을 택하려는 사람이 있다. 스스로 죽음을 선택함으로써 자존감과 위신을 잃는 상황을 회피할 수 있다고 생각하는 것이다.

아들러가 제시한 다음의 사례를 살펴보자(알프레드 아들러,〈신경증에서 죽음의 문제Das Todesproblem in der Neurose〉,《성격이론, 정신질환, 심리치료Persönlichkeitstheorie, Psychopathologie, Psychotherapie(1913-1937)》).

결혼한 지 6개월이 된 서른 살의 교사는 불경기로 일자리를 잃었다. 남편도 무직이었다. 그래서 원하는 직업은 아니지만 사무직으로 일하기로 결심했고 매일 지하철을 타고 출퇴근했다. 어느 날 그녀는 직장에서 불현듯, 지금 당장 이 자리를 박차고 나가지 않으면 죽고 말거라는 생각에 사로잡혔다. 그리고 동료가 그녀를 집으로 데려다줬을 때에야 쇼크 상태에서 벗어날 수 있었다. 하지만 그 후로는 지하철을 탈 때마다 갑자기 죽을 것 같다는 생각이 그녀를 덮쳐 왔다. 그래서 도저히 일을 계속할 수 없었다. 이 사례에서 무엇을 알 수 있을까. 아들러는 다음과 같이 설명한다.

"그녀는 강한 허영심, 자부심, 그리고 아마도 과장된 자의식, 즉 자존심을 갖고 있으며 틀림없이 공동체 감각과 활동성이 부족하다."

아들러는 이러한 양상을 응석받이로 자란 아이들에게서 나타나는 라이프스타일의 특징으로 보았다. 공동체 감각이 부족하다는 말은 타인에게 관심이 없다는 뜻이다. 다른 사람이 나를 어떻게 생각하는지에 예민하게 신경 쓰는 사람은 결국 자신 외에는 아무에게도 관심이 없는 것이다.

또한 어릴 때부터 가족이나 주변 사람들이 응석을 받아 주는 환경에서 자라 어른이 된 사람은 역경이 닥쳤을 때 스스로 그곳을 헤쳐 나오려는 노력은 조금도 하지 않고 타인에게 도움을 구한다. 자신의 힘으로는 도저히 해결할 수가 없어 타인에게 도움을 청해야 할 경우도 물론 있지만, 처음부터 타인의 도움 받기를 당연히 여기고 정작 자기 자신은 역경에서 빠져나오려는 아무 노력도 하지 않는 사람이 있다. 이런 사람은 활동성이 결여되었다고 볼 수 있다.

교사였던 그녀는 생활을 위해 어쩔 수 없다고 하면서도 사무직으로 일한다는 사실 자체가 견딜 수 없었던 것이다. 그런 일을 하는 것은 자신의 품위를 떨어뜨리는 일이며 완전한 실패라고 생각했을 것이다. 그녀는 언니와 남동생이 있는 삼남매의 둘째로 자랐다. 둘째는 맏이에게 어떻게든 이기려 한다. 그녀 역시 그랬다. 언니는 성격이 까다로운 아버지 앞에서 무엇 하나 자신의 의지를 관철시키지 못했지만 그녀는 언제나, 그리고 대개는 눈물 작전으로 자신이 원하는 것을 얻어 냈다. 이것이 바로 아들러가 자주 말하는 '물의 힘'이다. 사람들은 상대의 눈물을 보면 마음이 약해져 요구를 들어주는 경향이 있다. 그녀는 언니가 가진 것이라면 뭐든지 이 눈물의 힘을 이용해 얻어 내곤 했다. 기말고사 때 어머니가 언니에게 반지를 주자, 그녀는 자신도 반지가 갖고 싶다고 고집부리며 어머니가 반지를 줄 때까지 울었다.

아버지가 편애하던 남동생은 그녀의 강적이었다. 아버지는 아내에게도 딸들에게도 그다지 관심이 없었다. 부모의 결혼 생활은 행복하다고 볼 수 없었으며, 그녀는 그 때문에 자신이 남자를 신뢰할 수 없게 되었다고 생각했다. 결혼 생활이 행복한지에 대해 질문을 받으면 그녀는 흐느껴 울면서 자신만큼 행복한 여성은 없다고 대답한다. 행복한데 왜 우는지 이유를 물으니 이대로 계속 행복할 리는 없을 거라는 생각에 두렵다고 했다. 이 사례에서 현실적인 것이든 가능성이 있는 것이든, 실패할 거라는 생각이 그녀를 동요시켰다는 사실을 알 수 있다.

아들러는 이렇게 설명한다.

"그녀가 이루고자 했음이 분명한 최종 목표는 자신이 쉽게 흔들리고 주위 사람들의 자상한 배려에 의지하는 사람이라는 것을 습관적으로, 무엇보다 연관성을 이해하지 않고 드러냄으로써 우월성과 안정성을 강화하는 일이었다. 따라서 모든 신경증 환자가 그렇듯이 타인에게 그다지 관심을 두지 않으며 오히려 타인을 착취 대상으로 여기고 자신은 대부분 활동성을 보이지 않는 유형에 속한다."

곤경에 처한 사람을 주변에서는 그냥 내버려두지 못한다. 이 심리를 이용해 타자를 '착취 대상'으로 여기는 것이다. 죽음의 문제로 되돌아가 보자. 그녀는 지하철에 탔을 때 쇼크 증상을 일으켰다. 자신의 품위를 떨어뜨리는 일, 혹은 성공하지 못할지도 모른다고 생각한 일과의 사이에 죽음의 문제를 끌어들여 자신을 지키려한 것이다.

그녀는 꿈에서도 이와 같은 맥락의 심리를 드러냈다. 그녀는 사람이 죽는 꿈을 자주 꾸었다. 잠들어 있는 동안에도 죽음의 문제에서 벗어나지 못한 것이다. 그녀는 다음과 같이 말하고 싶었던 것으로 보인다.

"이 일을 계속할 바에는 죽는 게 나아요."

아들러의 분석에 따르면 결국 그녀가 원하는 것은 절대 죽음이 아니라, 단지 일을 포기하고 내팽개치는 것을 의미할 뿐이다. 그녀는 행복하지 않은 부모의 결혼 생활을 보고 자란 탓에 자신이 남성

7. 죽음과 불안

을 신뢰할 수 없게 되었다고 말했지만, 그녀 자신이 남성을 신뢰하지 못하는 이유로 부모의 결혼 생활이 행복하지 않았던 사실을 내세우고 있을 뿐, 실제로는 인과관계가 없다. 다만 과거의 기억 속에서 이유를 꺼내 들어야 했던 것뿐이다.

죽음의 문제도 마찬가지로, 일을 계속할 수 없다는 사실을 자신에게나 타인에게나 모두 인정받기 위해 끌어낸 것뿐이다. 앞에서 언급했듯 이렇게 인생의 과제를 회피하기 위해 꺼내 든 구실을 아들러는 '인생의 거짓말'이라고 한다.

죽음을 바라는 사람은 없다. 설령 목숨이 위태로운 중상을 입었다 해도 자신이 죽을 거라고는 생각하지 않는다. 도스토옙스키는 자신의 체험을 근거로 해서 주인공 므이쉬킨 공작의 입을 통해 죽음에 관해 말했다. "사형을 선고받아 죽음을 면할 길 없는 사람의 고통은, 폭한에게 공격을 받아 머리에서 피를 흘리며 목숨이 위태로울 정도의 중상을 입고도 여전히 목숨을 건질 수 있을지 모른다는 희망을 갖고 있는 사람의 고통보다 훨씬 크다."(도스토옙스키,《백치》)

아들러는 앞서 인용한 논문에서 높은 빌딩에 올라가면 창에서 뛰어내리고 싶은 충동에 사로잡히는 쉰 살 남성의 사례를 들었다. 사춘기 무렵에 시작된 그 증상이 한층 심해진 것은, 그가 일에서는 성공을 거머쥐었지만 높은 층에 있는 사람을 방문해야만 했던 때부터였다. 그는 형제자매가 많은 집안의 막내로 자라며 응석받이의 특징을 모두 갖고 있었지만 지금은 그러한 성향을 거의 극복했다. 아들러는 이 남성과 연령은 다르지만 거의 비슷한 사례를 다른 저서에서 인용하고 있다. 그는 창에서 뛰어내리고 싶은 욕구를 갖고 있지만 "그러나 이 욕구를 극복하고 아직 더 살아야 하지 않겠는가! 나는 자신을 이겼다."라고 말한다(알프레드 아들러, 《왜 신경증에 걸릴까》).

이 사람의 최초의 기억은 다음과 같다.

"처음 학교에 간 날은 두려웠다. 그곳에서 그에게 달려들 것 같은 남자아이를 만났다. 거의 정신을 잃을 뻔했다. 하지만 있는 힘을 다해 덤벼들었다."(알프레드 아들러, 《왜 신경증에 걸릴까》)

아들러는 이 이야기를, 쇼크 상태에서 죽음에 대한 두려움이 덮쳐 왔지만 이 공포를 극복함으로써 자신을 승리자로 느낄 수 있었던 사례라고 설명했다. 아들러는 '하지만'이라는 그 한마디는 열등감에 대한 보상이라는 넓은 의미를 갖고 있다고 긍정적으로 평가했지만 한편으로는 다음과 같이 언급하기도 했다.

"이 사람은 나중에 일할 때도 어린 시절과 마찬가지로 공포를 극복하는 데 영웅주의heroism을 끄집어내지만, 이러한 일은 아이들 놀이에 지나지 않으며 자신의 가치를 지키기 위한 가상의 방법이다."(알프레드 아들러, 《왜 신경증에 걸릴까》)

죽음에 대한 두려움, 창밖으로 뛰어내리고 싶은 충동은 그 일이 일어나는 연관성을 알았더라면 필요 없어졌을 것이다.

이 사례에서 나타나는 죽음의 문제는 거짓 죽음의 문제다. 인생의 과제로부터 도망치기 위한 죽음의 두려움이므로 이 두려움을 극복했다 하더라도 여전히 언젠가 죽게 될 존재인 사람은 죽음의 문제에서 벗어날 수 없다. 살아가는 한 외면할 수 없는 죽음을 생각했을 때 일어나는 불안, 실존적인 불안에 관해서 생각하는 것이 진정한 죽음의 문제다.

죽음의 불안과
마주하다

과제에서 도망치기 위한 죽음의 문제가 해결되었다고 해도 인간이 언젠가 죽는 존재라는 사실은 변함없다. 지금까지 죽지 않은 사람은 아무도 없다. 그리고 죽었다가 살아난 사람도 없다. 죽음이 어떤 것인지 아무도 정확히 알지 못한다는 뜻이다.

죽음을 두려워하지 않기 위한 한 가지 방법은 죽음에 관해 전혀 생각하지 않는 것이다. 하지만 언젠가는 사람이 죽게 된다는 것을 안다. 그 사실을 그다지 심각하게 받아들이지 않는 사람도 있지만 살아가기 힘들 정도로 깊이 절망하는 사람도 있다.

죽음이 무엇인지는 정확히 몰라도 죽음을 앞에 두고 불안해지거나 죽음을 두려워하는 것은 당연한 일이다. 나는 초등학교 때 할아버지, 할머니, 남동생의 죽음을 겪으면서 이 세상에 죽음이라는 게 존재한다는 사실을 알게 됐다. 한번 알게 되자 그전으로 돌아갈 수 없었다.

죽으면 지금 살아서 느끼는 것, 생각하는 것, 더욱이 자신이 살았었다는 사실조차 모두 없어질지도 모른다. 그런데 부모를 포함한 주변 어른들은 죽음이란 게 없는 듯 살고 있었고 죽음을 두려워하는 걸로 보이지 않았다. 나는 그 사실을 용납할 수 없었다. 그때의 경험이 훗날 철학을 공부하는 하나의 계기가 됐다.

죽음이 어떤 건지 알 수 없다면, 두려운 일인지 아닌지 아무도 알 수 없다. 죽음이 두려운 까닭은 죽음에 관해 아무것도 모르면서 알고 있다고 생각하기 때문이다. 죽음을 두려워하지 않으려고 죽음에 관해 잘 알고 있다고 믿고 싶은 것이라고도 할 수 있지만, 어쩌면 플라톤이 소크라테스를 통해 말하게 했듯, 죽음은 모든 인간이 누릴 수 있는 모든 축복 가운데 최고일지도 모른다(플라톤,《소크라테스의 변명》).

그렇다면 죽음을 두려운 것이라고 단정하지 말고, 죽음을 외면하기보다 마주해야 한다. 파스칼은 이렇게 말했다.

"인간은 한 줄기 갈대에 지나지 않으며 자연 중에서 가장 약하다."(블레즈 파스칼,《팡세》)

인간은 이 우주 가운데서 가장 나약한 존재다.

"하지만 인간은 생각하는 갈대다."(블레즈 파스칼,《팡세》)

'생각하는 갈대'란 어떤 의미일까.

"설령 우주가 그를 무너뜨려도 인간은 우주보다 더 고귀하다. 인간은 자신이 죽는다는 사실과 우주가 자신보다 우세하다는 사실을 알고 있기 때문이다. 우주는 아무것도 모른다."(블레즈 파스칼,《팡세》)

인간은 자신이 죽는다는 사실, 그리고 우주가 자신보다 우세하다는 사실을 자각하고 있다. 그러한 자각이 있기에 인간은 고귀한 존재라고 파스칼은 강조한다.

반드시 죽는다는 자각이 '인간은 죽게 되어 있는 존재'라는 사실을 일반적인 명제로 알고 있다는 의미는 아니다. 언젠가 자신도 죽을 거라는 걸 알면서도 남의 일처럼 생각하는 사람도 있다. 자신만은 죽지 않을 거라고 생각하기에 살아갈 수 있는 것이기도 하지만, 일단 죽음이 자신의 몸에 덮쳐 오면 더 이상 남의 일처럼 여길 수만은 없다.

병에 걸리거나 심하게 다쳐서 혹시 죽을지 모른다는 생각을 조금이라도 경험했을 때가 그렇다. 자신이 사랑하는 사람의 죽음도 마찬가지다. 그 사람의 죽음을 겪고서야 자신에게 얼마나 소중한 존재였는지를 새삼 깨닫는다. 그러면 이제는 예전의 자신으로는 있을 수 없게 되고 죽음을 남의 일로만 생각할 수도 없게 된다.

이때 죽음을 받아들이려 하지 않는 사람도 있다. 이런 이야기는 불교 경전에도 전해진다. 이제 겨우 걸음마를 시작한 어린 외아들을 잃고 슬픔에 빠져 있던 키사고타미라는 여인에게 부처님은 "한 번도 장례를 치른 적 없는 집에서 하얀 겨자씨를 얻어 오라."라고 말한다. 결국 키사고타미는 그런 집은 없으며 죽음은 어느 집에나 있다는 사실을 깨닫는다.

미키 기요시는 다음과 같이 말했다.

"자신이 사랑하는 사람의 죽음을 알았을 때나 자신에게 죽음이 찾아왔을 때, 죽음이 우리 모두가 따라야만 하는 자연 필연성이라고 해서 우리가 평온하게 있을 수 있을까. 오히려 우리는 그렇게 극복하기 어려운 자연법칙, 또는 자명한 진리에 분노를 느끼고 그 극복을 바랄 수밖에 없다."(미키 기요시, 〈셰스토프적 불안에 관하여〉,《미키 기요시 전집》제11권)

사랑하는 사람을 잃는 불합리한 경험을 한 사람은 분노를 느끼고 자연법칙을 극복하고 싶어 한다. 아들러가 의사가 된 것은 '죽음을 죽이고 싶었기 때문'이라고 한다(베티 제인 머내스터 외,《알프레드 아들러: 우리가 기억하는 것처럼》).

어떤 질병이든 죽음을 예감하게 하기에 자신이 병에 걸리면 인생을 보는 시각이 달라지지 않을 수 없다. 물론 퇴원하면 병을 앓았다는 사실쯤이야 완전히 잊는 사람도 있겠지만, 병이 걸리기 전까지는 앞으로 자신이 살아갈 인생을 마음껏 상상하고 설계하던 사람이 병상에서 자신의 생명이 얼마 남지 않았을지도 모른다는 것을 알았을 때는 물론, 다행히 목숨을 건졌다 하더라도 그 후의 인생은 달라진다. 불합리하다고 생각할 만한 상황을 경험한 적 있는 사람들 중에는 미키 기요시가 말했듯이 그 상황에 분노를 느끼는 사람도, 깊은 슬픔을 느끼는 사람도 있었을 것이다.

이처럼 가족을 먼저 떠나보내거나 자신이 큰 병을 경험해서 죽음에 직면한 사람에게 죽음은 어느새 남의 일이 아니며 앞으로 자신의 인생이 어떻게 될지를 생각하면 불안해진다.

죽음이 어떤 것인지는 아무도 모른다. 자신이 죽으면 어떻게 될지 다른 죽음을 보면서 어느 정도 상상할 수는 있지만, 실제로 어

7. 죽음과 불안

찌 될지는 그 누구도 알 수 없다. 하지만 죽음으로부터 눈을 돌리지는 말아야 한다.

죽음의
희망

타인의 죽음은 부재다. 죽은 사람은 이 세상에서 모습을 감추지만 세상 자체가 없어지는 건 아니다. 여행을 떠난 친구와 몇 년이나 만나지 못하는 것과 별반 다르지 않다. 하지만 자신이 죽는다는 건 자신이 살아 있던 세상이 소멸되고 자신은 '무'가 되는 일일지도 모른다. 죽음이 어떤 것이든 간에 죽은 사람과는 두 번 다시 만날 수 없다는 사실만은 분명하다. 살아 있는 자는 죽은 자와 재회할 수 없으며, 자신도 죽으면 살아 있는 그 누구와도 다시 만날 수 없다. 하지만 사람이 죽으면 어떻게 될지 모르는 일이기에 더더욱 살아가는 희망을 가질 수 있다고도 할 수 있다. 미키 기요시는 다음과 같이 말했다.

"내게 죽음의 공포는 어떻게 옅어져 갔던가. 나와 친했던 사람들과 사별하는 일이 점점 많아졌기 때문이다. 만약 내가 그들과 다시 만날 수 있다면—이것은 나의 가장 큰 소망이다— 그것은 내가 죽지 않은 다음에는 불가능할 것이다."(미키 기요시,《인생론 노트》)

앞으로 백만 년을 살 수 있다고 해도 이 세상에서는 죽은 사람과 만날 수 없다. 그 확률은 제로다. 죽으면 만날 수 있는지 그건 모른다. 하지만 확률이 제로라고는 그 누구도 단언할 수 없을 것이다. 철학자 모리 아리마사도 다음과 같이 말했다.

"죽은 자를 불러낼 수 없다면 자신이 죽음 속으로 들어갈 수밖에 없다. 이렇게 간단한 진리를 왜 몰랐을까."(모리 아리마사,《강가에서流 れのほとりにて》)

모리는 딸을 잃는 슬픔을 겪었다.

"앞으로 나는 어디로 가야 딸을 만날 수 있단 말인가."

"이렇게 걸어가면 먼저 떠나간 딸과 조금은 가까워질 수 있을까. 하지만 멈춰 서면 언제까지고 딸이 있는 곳에 갈 수 없다. 그래서 나는 어떻게 해서든 계속 걸어가야 한다."(모리 아리마사,《강가에서》)

이는 자신이 살아 있는 한, 죽은 자와의 재회를 이룰 수 없지만 자신이 죽으면 그 가능성이 있다는 뜻이지 반드시 그렇다는 건 아니다. 하지만 죽음이 어떤 것인지 모르니 죽음이 삶과 연속되어 있다고 생각하는 데 문제가 없는 것은 아니다.

죽음이 어떤 것인지 알고 싶어서 죽음을 알고 있는 것과 비교해 이해하려 하는 사람은 죽음을 무효화하려 한다. 사실 사람은 죽지 '않은' 것으로 간주하고 그렇게 해서 사랑하는 사람의 죽음을 받아들이려 하는 것이다. 죽은 게 아니라 죽음은 이 인생에서 다른 인생으로 옮아가는 것이며, 죽었지만 '무'가 된 것이 아니라 어떠한 형태로든 남아 있다는 식으로 이해하고 싶어 한다. 또한 영매자의 힘을 빌리면 죽은 자와 교신할 수 있다고 여기는 사람도 있다.

죽음을 앞에 둔 사람, 사랑하는 사람과 사별한 사람이 사후의 생을 바라는 마음은 충분히 이해한다. 사후에도 사람이 '무'가 되지는 않는다고 믿을 수 있다면 죽음에 대한 불안을 극복하고 남아 있는 사람은 위안을 얻을 수 있다. 하지만 죽어도 결코 '무'가 되지 않는다는 보장이 없으므로 이 기대가 죽음에 대한 불안을 극복하게 한다고 볼 수는 없다.

죽음을 무효로 하는 것이 왜 문제일까. 죽으면 현재 인생에서 겪고 있는 괴로움에서 벗어날 수 있다고 생각하는 사람이 있기 때문이다. 고통스러운 현실이 좋을 리는 없지만, 죽음이 어떤 것인지 모르는데 죽으면 문제가 다 해결된다고 생각해 스스로 목숨을 끊는 행동은 하지 말기 바란다.

앞에서 인용한 미키 기요시와 모리 아리마사도 이와 같은 생각을 한 것으로 보인다. 자신이 죽음으로써 죽은 자와 재회할 수 있다고 생각하는 것은 삶과 죽음 사이의 절대적 단절을 전제로 한다. 살아 있는 채로 죽지 않은 사자死者를 만나려는 것은 아니라는 의미다.

자연스러움

질병과 노화가 '변화'인 것처럼 죽음 역시 변화다. 따라서 그에 대해 좋다거나 나쁘다거나 하는 식으로 가치를 판단할 필요는 없다.

고대 로마제국의 황제 마르쿠스 아우렐리우스는 다음과 같이 말했다.

"죽음은 출생과 마찬가지로 자연의 신비다."(마르쿠스 아우렐리우스,《명상록》)

죽음이 출생과 마찬가지로 이 우주에서 일어나는 자연 현상이라고 생각하면 출생을 슬퍼하지 않듯 죽음 또한 슬퍼할 일도 두려워할 일도 아니다. 그렇지만 죽음이 슬퍼할 일도 두려워할 일도 아니라는 것은, 죽음이 '자연 현상'이므로 그 일 자체로 슬퍼할 일도 두려워할 일도 아니라는 의미다. 비교적 꽃이 피는 기간이 긴 매화와 달리, 벚꽃이나 모란은 꽃이 피어 있는 모습을 보면서 바로 또 언제 질까 안절부절못하게 된다. 하지만 꽃은 사람에게 보이기 위해 피는 것이 아니다. 꽃이 피기가 무섭게 바로 지더라도 그건 '자연 현상'일 뿐이며, 빨리 지고 마는 자신의 운명을 슬퍼할 일은 아닌 것이다.

하지만 사람들은 꽃이 지는 것을 못내 아쉬워한다. 하물며 사람의 죽음이라면 더더욱 그럴 것이다. 죽음이 어떤 것이든 그것이 이별인 것은 분명하므로 슬프지 않을 수는 없다. 잠시 함께 지낸 사람에게도 정이 들어 헤어질 때 큰 슬픔을 느끼는데 심지어 살아 있을 때부터 가깝게 지내던 사람이라면 죽음은 더없이 슬픈 일이다.

이렇게 생각하면 타인의 죽음이 '단순히' 부재일 수만은 없다. 다시 말해, 누군가 죽으면 그 사람이 어딘가 멀리 여행을 떠난 것처럼 처음 얼마 동안은 쓸쓸해진다. 그 쓸쓸함이 극복되는 일은 없으며, 생전에 어떠한 형태로든 깊이 이어져 있던 사람이 죽으면 자신의

죽음이 출생과 마찬가지로
이 우주에서 일어나는
자연 현상이라고 생각하면
출생을 슬퍼하지 않듯 죽음 또한
슬퍼할 일도 두려워할 일도 아니다.

일부를 잃는 것 같은 마음을 느낀다. 그렇게 자신의 일부였던 타인을 잃었을 때의 슬픔은 깊을 수밖에 없다.

죽음의 불안을 극복하는
세 가지 방법

죽음에 대한 불안에서 벗어나려면 세 가지를 생각해야 한다.

첫째, 죽음이 무엇인지 알지 못해도, 그리고 어떤 죽음이 기다리고 있다 해도 죽음이 어떤 것이냐에 따라 현재의 삶이 달라져서는 안 된다는 것이다. 저세상 같은 것은 없고 죽음이 '무'가 되는 것이라면 나중 일은 어찌 되든 상관없다는 태도는 바람직하지 않다. 자신이 '무'가 된다 해도 다른 사람은 그렇지 않기 때문이다. 죽음이 가까이 닥쳐왔다고 해서 그때까지 살아오던 방식이나 모습을 크게 바꿔야 한다면 그것은 그때까지의 삶에 문제가 있었다는 뜻이다.

둘째, 지금 충실한 인생을 보내고 있다면 죽음에만 온통 신경을 쏟지 말아야 한다. 인생에서는 기다려야 하는 일이 무수히 많다. 하지만 죽음만은 기다리지 않아도 된다. 죽음이 찾아오는 것은 확실하기 때문이다. 죽음이 확실히 다가오는 것이라면 죽음을 기다리지 말고 오늘 할 수 있는 일에만 전념하면 된다.

나는 아버지를 간병하던 때, 늘 아버지의 죽음이 두려웠다. 언제 아버지가 돌아가실지 몰라 두려워 견딜 수가 없었다. 치매를 앓고 있던 아버지의 해마가 위축돼 의사에게서 여명을 선고받았기 때문이다. 그러던 중 문득 '아버지는 언젠가 죽음을 맞이하겠지만 한 번밖에 죽지 않는다.'라는 생각이 떠올랐다. 당연한 일이었지만 긴장하고 있던 마음이 조금은 풀린 듯했다.

연인과 만족스러운 시간을 보낸 사람에게는 다음에 언제 만날지가 문제 되지 않는다. 다음에 언제 만날지를 미리 약속해 두지 않으면 불안한 사람은 함께 시간을 보내면서 시간과 열정을 완전히 연소하지 못한 것이다. 그래서 다음 번 만날 기회에 승부를 걸어야 한다고 생각한다.

하지만 '다음'은 없을지도 모른다. 오늘 만난 일이 다음 만남을 보장해 주지는 않는다. 함께 지내고 있는 '지금' 이 순간에 '다음'의 일을 생각하지 않는 것이 최선이다.

살아가는 일도 매한가지다. 지금 이 인생에서 만족한다면 인생의 끝에 있는 죽음이 어떤 것이든 문제가 되지 않는다. 내일 어떻게 될지는 아무도 모른다. 아직 이루지 못한 일이 많다 해도 내일을 기다리지 않은 채, 삶은 지금 여기서 완성되고 있다.

이는 인생을 에네르게이아로 살아가는 일이다. 앞서 질병으로 인한 불안에 대해 이야기할 때 키네시스와 대비해 이 용어에 대해 설명했다. '살아가고 있는' 일이 그대로 '살아온' 삶의 방식이기에 내일을 오늘의 연장 개념으로 살지 말며, 오늘은 오늘이라는 날을 위해서만 살아가라는 의미다.

마지막으로, 공헌감이 있으면 죽음의 불안을 극복할 수 있다. 아들러는 다음과 같이 말했다.

"인생 최후의 시련은 노화와 죽음을 두려워하는 일이다. 어린아이라는 형태로, 혹은 문화 발전에 공헌한 일을 의식함으로써 자신이 죽지 않는다고 확신하는 사람은 노화와 죽음을 두려워하지 않는다."(알프레드 아들러, 《삶의 의미》)

아들러는 다른 매체에서 시간은 유한하며 인생의 마지막에는 반드시 죽음이 찾아오지만 공동체에서 완전히 사라지지 않기를 바라는 사람에게 '불사不死'를 약속하는 것은 전체의 행복에 공헌하는 일이라고 말하고 이 사례로 아이와 일을 꼽았다(알프레드 아들러 외, 《우수성과 사회적 관심Superiority and Social Interest》). 사람마다 남길 수 있는 것은 모두 다르지만, 무언가를 남김으로써 후대에 공헌할 수 있다.

키케로는 고대 로마 시인 스타티우스가 '후대에게 도움이 되고자 나무를 심겠다.'라고 한 말을 인용했다(키케로, 《노년에 대하여》). 지금 씨를 뿌린다 해도 그 결과를 자신의 눈으로 볼 수 없을지 모른다. 그런데도 농부는 자신과 관계없는 이 일에 최선을 다한다.

"진정한 농부라면 아무리 나이가 들어도 '누구를 위해서 나무를 심을 것인가.' 하는 질문을 받으면 주저하지 않고 이렇게 답할 것이다. '불사의 신들을 위해서입니다. 신들은 내가 이것을 선조에게서 이어받을 뿐만 아니라 후세에 물려주기를 바라니까요.'"(키케로, 《노년에 대하여》)

후손에게 물려주고자 하는 농부의 결심으로 나무는 자자손손 전해진다. 서양고전학자인 나카쓰카사 데쓰오는 이 책에 대해 다음과 같은 소감을 밝혔다.

"나무를 심는다는 것은 정말로 혼을 '불사'로 만들기 위해 인간이 따라야만 하는 삶의 모습을 말하는 것이리라."(키케로,《노년에 대하여》일본어판 해설).

어릴 때 감을 다 먹고 나서 씨를 심은 적이 있다. 심었다고 했지만 정확히 말하면 집 근처에 있던 밭에다 씨를 던졌을 뿐이므로 땅속에 묻은 것도 아니고 물을 준 것도 아니었다.

가까이 있던 할머니에게 언제 감이 열릴지를 물었다. 그러자 "할머니가 죽으면."이라는 답이 되돌아왔다. 이것이 내가 처음으로 죽음을 의식한 순간이었다. 이는 할머니가 아직 건강했을 때의 일인데 얼마 안 돼 할머니가 병에 걸려 몸져눕게 됐다. 그리고 내가 뿌린 씨는 아니었겠지만 분명 그 후 감나무가 자라나고 이윽고 열매를 맺기 시작했다. 하지만 그때 할머니는 이미 이 세상에 없었다.

실제로 나무를 심을 필요는 없다. 무언가 물건을 남기지 않아도 자신이 살아온 일이 후세에 남으면 된다. 그 삶의 모습이 꼭 특별해야 하는 건 아니다.

그리스도교 사상가 우치무라 간조는 누구나 남길 수 있다는 의미에서 우리가 후세에 물려줄 최대의 유물은 돈, 사업, 사상이 아니라 생애를 남기는 일이라고 강조했다.

"내가 생각해 보건대 인간이 후세에 남길 수 있는, 그리고 누구나 남길 수 있는 유물로서 이익만 있고 손해는 없는 유물이 있다. 그건

'다음'은 없을지도 모른다.
오늘 만난 일이 다음 만남을
보장해 주지는 않는다.

바로 용감하고 고상한 생애라고 생각한다."(우치무라 간조,《후세에 남길 최대 유물後世への最大遺物》)

이것은 악마가 아니라 신이 지배하는 세상, 실망이 아닌 희망의 세상, 비탄이 아니라 환희의 세상이라는 것을 믿고 이 생각을 생애에서 실행해 '세상에 보내는 선물'로 남기고 이 세상을 떠나야 한다는 의미다.

요즘 같은 시대에 희망의 세상을 믿기 어려울지도 모르지만 이렇게 생각할 수 있는 사람은 타인을 믿을 수 있는 사람이며, 괴로운 일이 있어도 살아가는 기쁨으로 넘치는 사람임이 틀림없다.

잘 살아간다는 것

죽음이 어떤 것인지는 아무도 알 수 없다. 또한 자신이 앞으로 얼마나 살 수 있을지도 아무도 모른다. 자신이 결정할 수 있는 일이 아니라면 그 일은 고민해도 의미가 없다. 아들러는 "단지 살아가는 데 급급하고 살아가기가 무척 힘든 사람이 너무도 많다."라고 말했다(알프레드 아들러,《아들러의 인간이해》).

그렇다면 무슨 일이 있어도 위기를 면하거나 오래 살려고 하는 데만 몰두하지 말고 주어진 삶 속에서 할 수 있는 일을 해 나갈 수밖에 없다. 소크라테스는 다음과 같이 말했다. "얼마나 오래 살 수 있을지를 중요시해서는 안 되며 생명에 집착해서도 안 된다."

"그러한 일은 신에게 맡기고 정해진 운명은 누구 한 사람 피해 갈 수 없다는 여성들의 말을 믿고 그다음 일, 즉 어떻게 하면 앞으로 살아가야 할 시간을 가장 잘 살 수 있을지를 생각해야 한다."(플라톤,《고르기아스》)

언젠가 반드시 죽는다고 결정된 운명이다. 죽음을 생각하지 않으려고 잘 살아가는 데만 집중해야 하는 것은 아니다. 앞에서 살펴본 것처럼, 지금 여기서 충실한 삶을 보낼 수 있다면 앞으로의 일은 신경 쓰지 않아도 된다. 자신이 아무것도 할 수 없다는 데 불안해하고 고민할 필요는 없다. 죽음이 무엇인지, 죽은 후에는 어떻게 될 것인지에만 신경이 쓰인다면 그것은 잘 살아가고 있지 않기 때문이다.

소크라테스는 "어떻게 하면 앞으로 살아가야 할 시간을 가장 잘 살 수 있을지 생각해야 한다."라고 말했는데, 이는 다음에 소개하는 소크라테스의 말과도 통한다.

"중요하게 여겨야 할 것은 단지 살아가는 게 아니라 잘 살아가는 일이다."(플라톤,《크리톤》)

아들러는 "내가 가치 있다고 생각하는 것은 내 행동이 공동체에 유익할 때뿐이다."라고 말했다(카렌 드레서,《아들러의 말》).

여기서 말하는 '유익'은 '잘 살아갈' 때의 '잘'과 같은 의미다. 이는 아들러가 "중요하게 여겨야 할 것은 단지 살아가는 게 아니라 잘 살아가는 일이다."라고 한 소크라테스의 말을 더욱 단단하게 뒷받침하는 것으로 볼 수 있다.

다만 나는 아들러가 한 말과는 달리 '행동'이 반드시 유익할 필요는 없다고 생각한다. 물론 행동이 유익한 것도 중요하지만 사람은 누구나 살아 있는 것만으로 유익하며 그 유익이라는 것도 눈에는 보이지 않는다. 어린아이는 살아 있는 생명 그 자체로 타인에게 공헌하고 있다. 이렇게 살아 있기만 해도 타인에게 공헌하는 것이 공동체에 유익한 일이며 눈에 보이지 않더라도 실감할 수 있다. 어른도 마찬가지다.

죽음의 정의

앞서 죽음이 어떤 것이든 삶의 모습이나 방식이 달라져서는 안 된다고 또한 지금 살아가는 삶에 충실하면 죽음을 신경 쓰지 않게 된다고 말했는데, 죽음이 무엇인지에 관해서도 한번 살펴보자.

플라톤은 죽음이란 혼이 신체에서 떨어져 나가는 것이라고 했다. 지금은 혼이라는 말을 사용하지 않는다. 질병이나 사고로 의식을 잃은 사람이 심폐 정지 상태가 되어 죽음에 이를 때, 의식 현상은 뇌에 속하게 되므로, 뇌가 제어하는 의식 현상과는 별개로 뇌에서 독립한 마음, 혼, 의식을 상정하지 않는다. 죽음은 뇌의 활동이 정지하는 일이며 뇌가 정지하면 의식도 소멸된다.

아들러의 생각은 플라톤과도 현대 의학과도 다르다. 아들러는 자신이 창시한 심리학을 '개인심리학individual psychology'이라고 명명했다. 여기서 'individual'이란 '분할divide할 수 없다'는 의미다. 아들러는 의식과 무의식, 감정과 이성, 신체와 마음, 이런 식으로 인간을 나누지 않았다. 개인심리학이란 분할할 수 없는 전체로서의 개인을 다루는 심리학이라는 뜻이다.

죽음에 관해서 생각할 때는 마음과 신체가 나뉘지 않는다는 것이 어떤 의미인지를 생각해야 한다. 이는 마음과 신체가 같다는 의미가 아니다. 아들러는 마음과 신체가 모두 생명의 과정이고 표현이며 서로 영향을 미친다고 강조한다.

이를테면, 눈앞에 있는 것을 집어 올리고 싶어도 손이 묶여 있거나 짓눌려 있다면 집어 올릴 수 없다. 무언가를 집어 올리는 동작뿐만 아니라 골절이 되었거나 노화와 질병으로 인해 신체를 자유롭게 움직일 수 없게 되면, 어떤 동작이든 하고 싶어도 할 수 없다.

반대로 마음이 신체에 영향을 미치기도 한다. 누군가에게 심한 말을 들으면 그 말에 마음이 요동쳐 밤에 잠을 이루지 못하거나 열이 나기도 한다. 이러한 현상은 마음이 신체에 영향을 미친다는 증거다.

심한 재해나 사고를 당하면 그 일 역시 마음에 큰 영향을 미친다. 또한 자신의 의지에 반하는 일을 강요당했을 때도 그 일이 마음에 깊숙이 영향을 끼치지 않을 수 없다. 전쟁터에서 사람을 죽이거나 죽임을 당할지 모르는 상황에 놓인다면 그 경험은 마음을 병들게 하고도 남는다. 이런 상황에서도 아무렇지 않은 사람도 물론 있겠지만, 아무 영향도 받지 않고 평정을 유지하기란 쉽지 않다. 아들러는 이 사실을 알고 나서 트라우마를 인생의 과제를 회피하기 위한 이유로 삼는 것을 부정했다.

재해나 사고가 아니더라도 노화와 질병으로 인해 신체를 자유로이 움직이지 못하게 되면 신체를 압박하는 고통이 마음에까지도 영향을 미친다. 아들러는 다음과 같이 말했다.

"뇌는 마음의 도구이지만 기원은 아니다."(카렌 드레셔,《아들러의 말》)

뇌는 마음의 도구이다. 즉, 마음이 뇌를 도구로 사용하지만 마음이 뇌에서 만들어지지는 않는다는 의미다. 뇌뿐만 아니라 신체 전반에 관해서도 똑같이 말할 수 있다.

하지만 마음이 뇌를 포함한 신체를 도구로 사용하는 건 아니다. 아들러에 따르면, 인간은 분할할 수 없기 때문에 사람 안에서 마음과 뇌가 각기 다른 개체로 존재하는 것이 아니다. 앞서도 언급했듯이, 신체와 마음은 모두 생명의 과정 혹은 표현이다. 같은 생명을 다른 면에서 본 것이지 별개의 존재가 아니라는 것이다. 그러므로 마음이 신체를 사용하는 일은 없다.

'분할할 수 없는 전체로서의 개인'은 마음이 아닐뿐더러 신체도 아니다. 그렇다면 신체와 마음을 넘어서 별개로 '나'를 생각해야 한다. 마음이 뇌를 사용하는 것이 아니라 내가 신체인 뇌를 사용하고, 또한 마음을 사용하는 것이다.

'나'는 '마음'(혼, 정신, 의식)과 '신체'로 구성되어 있고 이 신체 속에 뇌가 포함된다. 내가 마음을 사용하고 신체도 사용한다. '나'라는 존재가 나눌 수 없는 전체로서의 '나'인 것이다. 공식으로 정의해 보면 다음과 같다.

나 > 마음(혼 · 정신 · 의식) + 신체(> 뇌) = 생명

'나'는 혼(정신 · 마음)과 신체로 이루어진 전체적 존재다. 언젠가 신체가 질병이나 사고, 노화 등 어떤 방법으로 손상된다 해도 그 일로 인해 내가 내가 아니게 되지는 않는다.

전쟁 중 공습으로 얼굴과 신체에 심한 화상을 입은 한 철학자가 몇 주 동안이나 정신을 잃은 상태로 있었다. 화상을 입은 얼굴을 보고 길 가던 아이가 무서워한 적도 있다고 한다. 물론 아무리 얼굴이 바뀌었다 한들 그 사람이, 그 자신이 아닌 것은 아니다.

나의 할아버지도 전쟁 중에 소이탄을 맞고 얼굴에 심한 상처를 입었다. 하지만 신체에 상처를 입었다고 해서 그 일로 할아버지가 할아버지가 아닌 다른 사람이 된 것은 아니다.

나이가 들면 외모는 달라지기 마련이다. 얼굴이 늙어 가는 것을 두려워하는 사람이 있다. 신체도 언젠가는 기능을 충분히 발휘하지 못하게 될 것이다. 마지막에는 죽음으로 인해 이러한 신체 활동이 모두 정지된다. 하지만 그렇게 된다 해도 '나'는 '나'인 것이다.

마음도 마찬가지다. 나이가 들면 마음의 기능도 저하된다. 그렇지만 치매로 인해 방금 자신이 한 일을 기억하지 못한다 해도 '내'

가 '내'가 아닌 것은 아니다. 치매를 앓은 나의 아버지는 많은 기억을 잊어버렸지만 아버지가 아버지가 아닌 것은 아니었다. 죽음과 함께 마음이 소멸된다 해도 '나'는 남는다. '나'는 계속해서 '불사' 상태로 있게 된다.

이렇게 마음도 신체도 죽으면 소멸할지 모른다. 하지만 우리 주변에 있는 사람이 죽었을 때 마음과 신체가 모두 없어져도, 그렇다고 해서 그 사람 자신까지 없어지는 건 아니다.

'나'는 '마음'과 '신체'를 사용해 목표를 정하고 있다. 인간에게는 자유 의지가 있어 어떤 일을 하자고, 또는 하지 말자고 결정할 수 있다. 이러한 결정을 내리는 주체는 '나'이지, 결코 마음도 신체도 아니다. 따라서 아무리 배가 고파도 지금 자신이 먹으려던 빵을 필요로 하는 다른 누군가에게 양보할 수 있다. 결정하는 데 마음이나 신체가 영향을 미치는 일은 있어도 결국 결정하는 주체는 '나'다. 앞서도 살펴봤지만, 신체가 호소하는 소리를 듣는 것은 '나'라는 존재가 신체의 상태를 느끼고 지금 어떻게 할지를 결정하는 일이다. 신체에 평소와는 다른 이상을 느껴도 해가 없는 해석으로 바꿔서 검사를 받지 않기로 결심하는 것도 '나'다.

마음이나 신체가 어떤 일을 결정하는 데 영향을 미치는 경우는 있지만, 결코 영향 이상의 의미는 아니다. 마음이나 신체에 무언가 장애를 입었다 해도 '나' 자체가 바뀌지는 않는다. 마음이나 신체가 기능을 충분히 발휘하지 못할 뿐이다.

인간의 행동이 물건의 운동과 다른 점은 어떤 제약이 있어도 스스로 결정할 수 있다는 데 있다. 자신의 행동을 결정하는 주체가 '나'이며, '나'는 어떤 일이 있어도 영원히 죽지 않고 있을 수 있다.

마이크를 사용해 이야기하는 사람을 떠올리면 이 상황을 더욱 쉽게 이해할 수 있다. 마이크를 사용해 이야기하다가 만약 마이크가 고장 나면 말하는 사람의 목소리가 들리지 않게 된다. 그런 경우 고장 난 것은 마이크다. 마이크를 들고 이야기하던 사람의 목소리가 멀리까지 닿지는 않겠지만, 그 사람이 이야기하기를 멈춘 것은 아니다.

죽은 사람도 지금까지와 마찬가지로, 사후에도 쭉 이야기를 계속하고 있다. 지각적으로는 죽은 사람을 느낄 수 없다. 볼 수도 없고 목소리를 들을 수도, 몸을 만질 수도 없다. 하지만 그렇다고 해서 죽은 사람인 '나' 자신이 '무'가 된 것은 아니다. 기회가 있을 때마다 죽은 사람이 생전에 이야기하던 모습을 떠올린다면 그때는 뇌 속에 있는 기억이 재생된 것이 아니라 죽은 사람인 '나'와 직접 교감하는 것이다.

죽은 사람에 관해 이렇게 말하면 뭔가 신비로운 이야기를 하고 있는 것처럼 생각할지도 모르지만, 평소 경험하는 일이다. 그 예로 우리는 책을 읽을 때 저자를 느낀다. 편지나 메일을 읽을 때도 마찬가지다. 눈앞에 사람은 없다. 목소리가 들리는 건 아니지만 존재를 느낀다. 어느 날 문득 최근 몇 년이나 만나지 않은 친구가 떠오를 때도 그 사람이 느껴지지 않는가.

작가의 경우, 그 작가가 쓴 새로운 작품을 읽을 수 있다. 하지만 작가가 고인이라면 새로운 작품을 읽을 수는 없다. 오랫동안 만나지 못한 친구와는 다시 만날 수 없는 건 아니다. 하지만 죽은 사람과는 다시 만날 수 없다.

살아 있는 사람이든 죽은 사람이든, 직접 교감하고 있다고 느낄 수 있는 것은 '내'가 있기 때문이며 그 '내'가 사후에도 살아 있을 때와 변함없이 계속 존재하기 때문이다.

유럽에 '예술은 길고 인생은 짧다.'라는 속담이 있다. 라틴어로는 '아즈 롱가 비타 브리비스ars longa vita brevis.'라고 하는데, 이때 '아즈ars'는 영어로는 아트art, 그리스어로는 테크네techne에 해당해 '기술'이라고 번역할 수도 있다.

이 속담은 두 가지 의미로 해석할 수 있다. 하나는 예술이나 기술을 깊이 연구하는 일은 사람의 짧은 일생으로는 어렵다는 뜻이고, 보다 일반적인 다른 하나는 작가가 죽은 후에도 그 사람이 만든 작품은 오래도록 남는다는 의미다.

미키 기요시는 다음과 같이 말했다.

"원인은 적어도 결과와 같거나 혹은 더 크다는 것이 자연의 법칙이다. 그 사람이 만든 것이 되살아나거나 오래 살아남을 수 있다면, 그 사람 자신이 되살아나고 또 오래 살아나갈 힘을 그 이상으로 갖고 있지 않다고 생각할 수 있을까."(미키 기요시,《인생론 노트》)

작가와 작품 중에서 어느 쪽의 생명이 더 오래 지속되는지를 비교할 때, 흔히 남겨진 작품이라고 생각하기 쉬운데 미키 기요시는 이와 반대로 주장한다. 작품의 예술적·기술적 가치가 긴 생명력을 유지하거나, 혹은 가치를 잃었다고 여겨졌던 작품이 새롭게 해석돼 되살아나는 일이 있는 이상, 이 작품을 창조한 작가에게도 '이 사람 자신이 되살아나고 또 오래 살아나갈 수 있는 힘'이 있는 게 아닐까 하고 생각한 것이다.

"만약 우리가 플라톤의 불사不死보다 그의 작품의 불멸不滅을 원한다면, 그것은 우리 마음의 허영을 말하는 것이다. 정말로 우리는, 우리가 사랑하는 사람 자체의 오랜 존속보다 그 사람이 만든 작품이 더 영속적이기를 바라는가?"(미키 기요시,《인생론 노트》)

미키 기요시는 기술이 물질적 생산뿐만 아니라 교육, 인격 형성은 물론, 조직과 제도를 만드는 것도 포함하며 '인간의 모든 행위가 기술적이다.'라고 말했다(미키 기요시,《철학입문》). 남겨진 기술 작품을 물건으로 한정할 필요는 없다. 사람이 살아온 인생도 작품이다. 우치무라 간조는 이것이야말로 후세를 위해 남길 수 있는 최대의 유물이라고 생각했다.

문제는 작품이 언젠가는 사라진다는 사실이다. 고인이 사용하던 물품도 언젠가는 없어진다. 이런 사람이 있었노라고 죽은 사람을 언제까지나 기억하지는 않을 것이다. 죽은 자의 시점에서 말하면, 자신이 만든 작품은 물론 인생까지 포함해서 자신을 기억해 주는 사람이 없어지면 더 이상 '불사'라고 할 수 없다. 언제까지나 자신을 기억해 주길 바라고, 누군가의 마음속에서 영원히 살아 있기를 원해도 그건 자신이 결정할 수 없다.

사랑하는 사람을 잃은 사람은 그 사람을 영원히 기억하며 살고 싶을 것이다. 실제로 가능할 순 있지만 상당히 어려운 일이다. 사랑하는 사람이 죽었을 때는 시간이 멈춘 것처럼 느껴진다. 하지만 언제까지나 슬퍼할 수는 없다. 일상생활로 돌아가야 한다.

병에서 회복하면 자신을 향한 타인의 관심이 줄어들듯이, 죽은 사람에 대한 기억도 차츰 떠오르지 않게 되고 흐려져 간다. 죽은 사람이 꿈에 나타나기도 하지만 점차 꿈꾸는 횟수도 줄어들다가 언젠가는 전혀 꾸지 않게 된다.

에게 해에 면해 있는 성스러운 산으로 불리는 아토스 산에는 중세에 스무 개의 수도원이 만들어졌다. 그곳에서는 수도사들이 몇 세기에 걸쳐 스러진 왕족의 혼을 달래기 위해 기도를 계속하고 있다(마르그리트 유르스나르,《동양 이야기》). 일본 고야산에서는 진언종을 창시한 헤이안 시대의 승려 구카이가 지금도 살아 있다고 여기며 매일 두 번씩 빠짐없이 공양을 올린다.

그런 특별한 경우를 제외하면, 대부분 죽은 자의 인생은 죽음을 기해 끝이 난다. 살아 있는 자는 슬퍼도 그 후의 삶을 계속 살아가야 한다. 날마다 생활 속에서 죽은 자가 점차 잊히는 건 당연한 일이다.

죽은 자도 오래도록 자신을 기억해 주기를 바라겠지만, 그렇다고 해서 언제까지나 자신을 잊지 못하고 비탄에 잠겨 아무 일도 하지 못하며 살아가기를 원치는 않을 것이다. 슬픔에서 바로 벗어날 수는 없어도 전보다는 슬퍼하지 않고 예전의 생활을 보낼 수 있게 된 것을, 죽은 자가 만약 어떤 방법으로든 알 수 있다면 오히려 기뻐할 것이다.

8.

불안의 해법

"설령 자네가 3천 년을 산다 해도
혹은 3만 년을 산다 해도, 기억해 두게나.
그 누구도 현재 살고 있는 삶 이외의 삶을
잃지는 않는다는 사실,
그리고 지금 잃는 삶 이외의 삶을
살아가는 것이 아니라는 사실을 말일세."

– 마르쿠스 아우렐리우스

남과 다른 인생을
살아라

한번 재해나 사고를 당하거나 병에 걸려 그동안 가려져 있던 현실을 알게 되면 원래대로 돌아갈 수 없다. 개중에는 큰 병을 앓고도 병세가 호전되면 원래의 생활로 돌아가 병에 걸렸던 일은 깊은 망각의 늪에 가라앉은 것처럼 느끼는 사람도 있지만, 그런 사람도 병에 걸렸을 때 엿보았던 죽음을 위락으로 잊으려는 것뿐이다.

이탈리아의 작가 파올로 조르다노는 "커다란 고통이 무의미하게 지나가는 것을 허용해서는 안 된다."라고 말했는데(파올로 조르다노,《전염의 시대를 생각한다》), 질병에 걸리거나 병에 걸릴지도 모른다는 불안 속에서 살아가는 일에 의미가 있다면 인생에 대해 지금까지와는 다른 시각이 생긴 것이다. 안주하고 있던 세상, 모든 것이 명백했던 세상이 아니라 새로운 세상에서 살아가야 한다는 사실을 자각하기 시작한 때부터 사람은 세상에 대해서도 자신에 대해서도 거리를 두고 살아가게 된다.

미키 기요시는 '색다른 행동eccentricity'이라는 말을 사용했다(미키 기요시, 〈셰스토프적 불안에 관하여〉,《미키 기요시 전집》제11권). 이 용어는 '상궤를 벗어난 일'이라는 부정적인 의미로 사용되지만, 미키 기요시는 이를 '이심성離心性'으로 번역했다. 이때 '이심'은 '중심에서 멀어진다'는 의미다.

색다르게 살아간다는 것은 자연스럽게 정해져 있는 중심에서 떨어져 "인간이 주체적으로 그 존재론적 중심을 정립해야 한다."(미키 기요시, 〈셰스토프적 불안에 관하여〉, 《미키 기요시 전집》 제11권)는 의미다. 중심이 자연스럽게 정해져 있는 것이 아니라, 정해져 있다고 생각했다는 게 정확하다. 중심이 명확하게 주어져 있다고 생각하는 사람은 상식적인 가치관에 아무런 의문을 느끼지 않으며, 지금이렇게 살아가도 좋을까 하는 의문을 품지도 않는다. 그뿐만 아니라 앞서 살펴봤듯이 내일이라는 날이 오는 것은 당연하며 앞으로의 인생이 훤히 보이는 듯이 생각한다. 상식적인 가치관에 아무 의문을 품지 못하는 동안에는 남들과 다르게 살아가려고는 생각하지 않으며, 그렇게 할 필요도 느끼지 못할 것이다. 주변 사회와도 조화를 이뤄 살아갈 수 있다. 하지만 어떤 계기가 있어 인생이 '무' 위에 서 있다는 것을 알면 인생의 중심이 명확하게 주어져 있지 않다는 것을 깨닫게 된다.

상식적인 가치관이란, 이를테면 성공자로 살아가는 데 삶의 가치가 있다고 생각하는 일이다. 어릴 때부터 열심히 공부하는 것은 명문대에 들어가고 또 일류 기업에 취직하기 위해서다. 아이가 왜 공부를 해야 하는지 의문을 품어도 어른은 "지금은 일단 참고 공부해라. 대학만 들어가면 그 후론 편하게 살 수 있으니까." 하고 설득한다. 그런데 막상 목표하는 대학에 합격하면 어른들이 하던 말이 사실이 아니었음을 깨닫게 된다. 대학에 들어가면 당연히 더 많이 공부해야 하고 사회에 나와 일하기 시작하면 더욱더 공부해야만 한다. 많은 젊은이가 현재를 희생하면서 미래를 위해 노력했는데도 결국 손에 쥔 결과는 자신이 꿈꾸던 미래가 아니었다는 것을 사회에 나와 비로소 깨닫는다.

인생은 정해진 레일 위를 달리는 것이 아니라, 자기 스스로 만들어가야 한다. 이 사실을 알기 전까지는 인생이 안정되었다고 느꼈을 것이다. 하지만 미래는 무엇 하나 정해져 있지 않다는 현실을 알면 불안해지기 시작한다. 이 불안은 자연스러운 것이며, 오히려 이 불안을 느끼지 못하는 사람은 앞날이 보인다고 착각하고 있는 것이다. 레일이 없다는 건, 상식적인 방식대로 살아갈 필요가 없으며 누군가 다른 사람이 자신의 인생을 결정하도록 해서도 안 된다는 의미다. 인생은 색다르고 독창적이어야 한다.

미키 기요시는 다음과 같이 말한다.

"독창적으로 살 수 있다는 것이 인간의 특징이며, 그렇기에 예로부터 일상적인 도덕을 기준으로 적당히 평범하게 사는 삶을 설득당해 왔다."(미키 기요시, 〈셰스토프적 불안에 관하여〉, 《미키 기요시 전집》 제11권)

'적당히'가 아닌 방법으로 색다르게 살아가지 못할 이유는 없다. 성공한 사람이 젊은 나이에 현역에서 은퇴하면 아깝다고 말하는 사람이 있다. 하지만 사실은 남들과 달리 개성 있게 살아가는 사람이 있으면 부러운 법이다. 그렇다면 자신도 상식에 얽매이지 않고 살아가면 되는데 차마 그럴 용기는 없다.

한번 결정한 인생을 끝까지 관철해 목표를 이루는 사람은 훌륭하다. 반면 여러 차례 인생의 진로를 바꾸며 살지 못할 이유도 없다. 단 한 번밖에 없는 인생이기에 자신이 원하는 대로 살아도 된다. 다른 사람의 기대를 만족시키기 위해 살아가야 하는 것이 아니기 때문이다.

하지만 자신은 남들과 다른 독창적인 인생을 살아가려고 하지 않으면서, 자신이 하지 못하는 삶을 사는 사람이 있으면 그 사람이 인생에서 가고자 하는 길을 저지하려 한다.

미키 기요시는 '몽상가'에 관해 다음과 같이 설명했다.

"세상 물정에 밝고 영리한 사람들은 내게 친절하게 수없이 말했다. '너는 몽상가다. 그 꿈은 반드시 절망에 부딪히고 깨질 것이니 더 현실적으로 살아라.' 나는 젊고 경험도 적다. 하지만 나의 마음은 내게 다음과 같이 답하게 한다. '나는 아무것도 모릅니다. 단지 순수한 마음은 언제든지 꿈을 꾸는 거라고 생각합니다.'"(미키 기요시,《알려지지 않은 철학語られざる哲学》)

'세상 물정에 밝은 영리한 사람들'은 미키 기요시에게 현실적이 되어라, 특이해서는 안 된다고 말한다. 하지만 순수한 마음을 지닌 사람의 삶은 남들과 달리 독창적일 수밖에 없다. 문제는 꿈을 꾸던 사람도 나이가 들면 완전히 현실적이 되어 예전의 자신처럼 색다른 인생을 살려고 하는 사람의 앞길을 막아서려 한다는 사실이다. 현실적이 되었다고 해서 인생을 올바로 바라보게 된 건 아니다. 다만 자신의 의지대로 살아야 하는 인생인데 꿈을 저버리고 안전한 삶이 있다는 착각 속으로 도망친 것뿐이다.

개성 있고 색다른 방식의 삶을 선택하는 사람들도 실은 불안해진다. 다른 사람이 깔아 놓은 레일 위를 달려가면 안심이 되고 만약 궁지에 몰리는 일이 있어도 남에게 책임을 전가할 수 있지만, 반대로 자신이 인생을 선택할 경우는 그 책임이 모두 자신에게 돌아오기 때문이다.

하지만 색다르게 살아간다는 것은 중심에서 떨어져 "인간이 주체적으로 그 존재론적 중심을 정립해야 한다는 것, 또한 그것을 정립할 자유를 갖는다."(미키 기요시, 〈셰스토프적 불안에 관하여〉, 《미키 기요시 전집》제11권)는 뜻이다.

앞서 언급했듯이 오늘날의 시대는 익명, 무정형인 사람, 다시 말해 개성과 특색이 없이 평범하게 살아가는 사람이 많은 것 같다. 일률적이고 상식적인 가치관에 따라 살아가는 사람은 색다르게 살아가지 않는다. 색다른 방식으로 삶은 사는 것은 개성을 되찾기 위해서다.

기대를 거스를
용기를 가져라

독창성 있고 색다른 인생을 살아가려면 '타인의 기대'나 '세상'이라는 '중심'에서 벗어나야 한다. 미키 기요시는 이렇게 말했다.

"우리의 생활은 기대 위에 성립되어 있다. 타인의 기대에 어긋나게 행동하는 것은 생각보다 훨씬 힘들다. 때로는 완전히 사람들

의 기대에 반하는 행동을 할 용기를 가져야 한다."(미키 기요시,《인생론 노트》)

기대는 타인의 행동을 구속하는 '마술 같은 힘'을 갖고 있다. 지금 여기서 어떻게 해야 타인의 기대를 받을 수 있을지를 생각하는 사람이나 그 자리의 분위기를 살펴 분위기를 깨면서까지 자신이 하고 싶은 일 또는 해야 할 일을 하지 않는 사람이 있다.

어떤 인생을 살 것인지를 결정해야 할 때도, 자신의 인생인데 타인의 기대를 어기면서까지 자신이 원하는 인생을 살아가려고 하지 않는 사람이 있다. 진학할 학교나 결혼 상대를 선택할 때 부모가 반대할 경우도 그렇다.

부모가 결혼을 반대하는데 어떻게 해야 하느냐는 상담을 많이 받았다. 자신의 인생이므로 스스로 결정하면 된다고 대답하면 더욱 거부감을 드러내는 사람도 있었다. 부모의 반대를 무릅쓰면서까지 결혼할 의미가 없다는 것이었다.

'다른 사람의 기대에 반해 행동할 용기'를 갖지 못하면 어떻게 될까.

우선 자신의 인생을 살아갈 수 없게 된다. 미키 기요시는 '세상이 기대하는 대로 되고자 하는 사람은 끝끝내 자신을 발견하지 못하는 경우가 많다.'라고 말했다.

부모의 반대에 부딪혀도 자신의 의지를 관철하는 사람은 자신을 잃지 않는다. 하지만 자신의 인생이 아니라 타인의 인생을 살아가는 사람이 있다. 타인의 인생을 살아간다는 것은 자신의 인생을 스스로 결정해서 살아가는 게 아니라 타인이 기대하는 인생을 산다는 뜻이다. 이런 상황은 부모와 자식의 관계에서 자주 볼 수 있다. 자녀도 부모가 말하는 대로 따르는 것이 안전할뿐더러 성공자로서 인생을 살아갈 수 있다고 믿는다. 이런 아이들은 자신이 아닌, 부모의 인생을 살아간다.

다음으로, 세상이 기대하는 대로 맞춰 살려고 하는 사람은 정말 해야 할 일을 하지 못한다. 직장에서는 상사가 자신에게 무엇을 기대하고 있을까, 또는 그 자리의 분위기를 살펴 무엇을 해야 할까를 생각한다. 가령 상사가 부하 직원에게 회사의 부정을 은폐하기 위한 지시나 거짓말을 강요할 때도 그 부당한 요구를 거절하지 못한다. 상사가 직접 종용한 경우가 아니라 자신이 알아차렸을 때도 고발하려 하지 않는다. 그런 부하 직원은 상사의 말을 거스르거나 부정을 고발하는 행위는 자신을 위한 일이 아니라고 여기고 자신의 안위만을 우선한다. 상사는 이런 부하 직원의 심리를 잘 알고 있다.

'부하 직원을 마음대로 다루는 손쉬운 방법은 그들에게 성공과 출세의 이데올로기를 주입하는 일이다.'

출세야말로 인생에서 중대사라고 부추기며 승진 등의 대가를 넌지시 내보이면 부하 직원은 상사가 시키는 대로 따르게 된다. 그의 말을 거스르면 불이익이 있을 거라고 위협을 받으면 결국은 안색을 살피고 상사의 지시라면 설령 그것이 부정한 행위일지라도 시키는 대로 따른다. 일시적으로 평판이 떨어지더라도 출세만 하면 된다고 생각하기 때문이다.

미키 기요시는 "수재로 불리던 사람이 평범한 인간으로 끝나는 것이 그 한 가지 예다."라고 말했다. 평범한 인생으로 끝날 뿐이면 다행이지만, 부정을 목격하고도 자신의 안위를 위해 눈감는 행위는 타인에게도 실질적인 해를 끼치게 된다. 어느 시대건 자신만 아는 엘리트는 유해하다고밖에 볼 수 없다.

타인의 기대를 거스른다는 게 쉬운 일은 아니다. 하지만 앞에서 꼽은 사례로 말하자면, 상사의 기대를 만족시킨다 해도 나중에 부정이 발각될 경우에 세상 사람들이 자신을 어떻게 생각할지 불안에 사로잡힐 것이다. 그러한 불안감에 빠지지 않으려면 상사의 기대에 거스를 수 있는 용기를 지녀야 한다.

자신의 인생을
살아라

세상에서 통용되는 상식을 의심하고 스스로 사고하며 살아가기 시작하면, 그 인생은 다른 사람에게는 별나 보일지 몰라도 소신 있게 자신의 인생을 살아갈 수 있다. 반면 타인의 기대에 반할 용기가 없는 사람은 부모를 비롯한 주위 사람들과 대립하거나 반대 의견을 내세웠다가는 고립되어 고독해지지 않을까 하고 불안해진다.

타인이 하는 말과 행동이 전부 옳은 것은 아니다. 부모도 잘못 판단할 때가 있다. 아이가 자신의 신념대로 색다른 인생을 살고 싶다고 하면 세상의 상식을 잣대로 들어 반대한다.

　다른 사람에게 맞춰 살면 고독하지 않을지는 몰라도, 자신의 생각을 억누르고 하고 싶은 말, 해야 하는 말을 하지 않으면 진정한 자신의 인생을 살아갈 수 없다.

　한 고교생이 자신의 진로를 대신 결정하려는 아버지에게 "제 인생이니까 제가 정하고 싶어요." 하고 말해 아버지를 놀라게 한 일이 있었다. 부모가 아이의 진로를 결정해 주더라도 나중에 뭔가 문제가 생기면 부모는 자녀의 인생을 책임져 줄 수 없다. 아이는 자신의 인생이므로 스스로 책임을 져야 한다.

　자녀가 부모의 뜻을 거스르지 않으면 당장은 부모-자식 관계가 좋아 보이겠지만 이는 표면적인 모습일 뿐이다. 진정한 유대 관계가 맺어졌다고 할 수 없다. 부모와 자녀가 다른 의견으로 다퉈야 한다는 뜻이 아니다. 다만 어느 한쪽 또는 양쪽 모두가, 자녀는 부모의 의견에 따라야만 한다고 생각한다면 자녀는 설령 불만이 있어도 부모에게 솔직히 말하지 못한다.

　부모-자식 관계뿐만 아니라, 직장에서도 누군가 회사 방침이 잘못된 게 아닌가 하고 말하고 나서면 공동체의 일체감과 연대감을 잃을 수 있다. 방침 정도라면 몰라도, 만약 회사의 부정행위를 모른 척해야 유지되는 일체감과 연대감이라면 깨뜨려야 한다.

진심으로
화를 내라

직장에서의 부정뿐만 아니라, 오늘날 세상에는 여러 가지 불합리한 일이 많다. 그에 관해 자신의 의견을 내다가는 직장에서 고립되지나 않을까 하는 두려움에 불안해지는 사람이 있다.

미키 기요시는 다음과 같이 말한다.

"모든 인간의 악은 고독할 수 없는 데서 발생한다."(미키 기요시, 《인생론 노트》)

부모가 자식을, 상사가 부하 직원을 꾸짖을 때 일어나는 분노의 감정은 '사분私憤(개인의 일로 인해 일어나는 사사로운 분노—옮긴이)'이다. 이는 대인관계를 악화시키고 문제 해결에 아무런 도움이 되지 못한다. 물론 즉시 효과가 나타나기는 한다. 야단을 맞는 사람은 무서워서 문제 행동을 당장 그만둘지도 모르지만 또다시 같은 행동을 되풀이하게 된다.

야단맞지 않아도 자신이 이 행동을 해서는 안 된다는 것을 알고 있기에 야단을 맞으면 오히려 반발심이 생겨 더욱더 문제 행동을 일으키기도 한다. 야단쳐도 같은 행동을 계속하는 것은 야단칠 때 표출하는 분노의 감정에 즉효성은 있을지언정 유효성은 없기 때문이다. 만약 분노가 문제 행동을 멈추게 하는 데 효과가 있다면 한번 야단쳤을 때 또다시 문제 행동을 하지 말아야 하는데, 결과가 그렇지 않으면 그 분노는 유효하지 않다는 의미가 된다.

미키 기요시는 이렇게 감정적으로 기분에 따라 드러내는 분노는 인성하지 않았지만, 부정에 대한 분노나 인간의 존엄이 침해당했을 때의 분노는 부정하지 않았다. 이러한 분노는 '사분'이 아니라 '공분公憤'이다. 미키 기요시는 공분에 관해 다음과 같이 설명했다.

"정의감이 항상 밖으로 나타나는 것은 모두의 앞에서 공개할 수 있는 장소를 원하기 때문이다. 정의감은 무엇보다도 공분이다."(미키 기요시, 〈정의감에 관하여〉, 《미키 기요시 전집》 제15권)

진심으로 화를 내는 사람은 고독해질 것을 두려워한다.

"고독이 무엇인지를 아는 사람만이 진정으로 분노를 알고 있다."(미키 기요시, 《인생론 노트》)

불합리한 일, 부조리한 일을 발견하거나 강요된 부정행위를 거부하면, 앞서 말했듯 공동체의 일체감과 연대감을 잃게 되고 무언가 마찰이 발생한다. 공분을 느껴 자신의 목소리를 내면 그 행동을 못마땅해하는 사람에게 미움을 받을 수도 있고 고독해질지도 모른다. 하지만 고독해질 것이 두려워 잠자코 있으면 공동체의 질서는 흐트러지지 않을지 몰라도 부정이 만연해 공동체가 병들어 갈 것이다.

이런 일이 일어나서는 안 된다고 생각하는 사람은 남들이 자신을 어떻게 생각할지를 문제 삼지 않는다. 다른 사람과 사고가 달라 고독해지더라도 부정이나 불합리에 맞서야 한다고 지성으로 판단하기 때문에 그 자리의 분위기를 맞추거나 자기 안위를 위해 침묵하지 않는다. 상사가 부정 은폐나 거짓말을 지시하면서 어르고 협박

해도 결코 그에 굴복하지 않는다.

정치에도 무관심해서는 안 된다. 코로나19가 인류에게 적대적인 것은 아니지만, 감염 확산을 억제하지 않으면 예전의 평온한 세상으로 돌아갈 수 없다. 그런데 일본 정부의 감염증 대책이 너무나도 부실해서 대체 앞으로 어떻게 될지를 생각하면 불안을 느끼지 않을 수 없다. 정치에 관한 사고는 사람마다 다르지만, 정부의 전망 없는 대책은 실제로 모두에게 피해를 준다. 강 건너 불구경할 일이 아니라는 뜻이다.

게다가 전망 없는 대책을 넘어 코로나19의 감염 확산을 이용해 이권을 챙기려는 사람이 있다. 이런 경우도 정의감이 밖으로 표출된 '공분'으로서 분노를 표현해야 한다.

감정적인 노여움은 사람과 사람을 갈라놓는다. 상대를 압도하기 위해 분노의 감정을 이용하면 상대는 겁에 질려 문제 행동을 멈출 것이고, 만약 논의 중일 때라면 상대의 생각을 받아들이든지, 받아들이지 못해도 입을 다물고 말 것이다. 이렇게 해서 심리적 거리가 생기면 올바른 말을 해도 오히려 반발을 살 수 있다. 분노를 표현하는 사람은 이렇게 점차 고립되어 간다. 한편, 공분은 사람과 사람을 연결시킨다. 부정이 결코 자신과 관계없는 일이 아니며 반드시 목소리를 높여야 한다고 생각하는 사람이 한두 명이 아닐 것이기 때문이다. 혼자 고립되는 상황은 벌어지지 않는다.

앞서 SNS 문제에 관해서도 살펴보았지만, 부정에 관해 자신의 목소리를 내면 그 이야기가 금방 퍼져서 지지하는 사람이 나타난다. 익명인 누군가도 '동지'가 되는 것이다.

정부 시책이 잘못되었다고 생각한 사람이 항의의 목소리를 인터넷에 올렸을 때 그 목소리가 계기가 돼 정부의 결정을 뒤엎기도 한다. 언제나 반드시 그렇게 되는 건 아니지만 이런 사례가 있기에 고립되는 일은 없을 거라고 생각한다.

인생을
여행으로 보라

"인생이 여행이라는 그 감정도 인간 존재의 이심성을 나타낸다."
(미키 기요시, 〈셰스토프적 불안에 관하여〉,《미키 기요시 전집》제11권)

'무 위에 세워져 있다.'라는 것을 깨달은 사람은 그때까지 가려져 있던 현실을 깨닫고 지금껏 안주하던 세계에는 없는 새로운 세계, 미래가 보이지 않는 인생을 살아가게 된다. '이방인'으로서 이 새로운 세계로 나온 것이다. 인생이 여행에 비유되는 것은 바로 이러한 연유에서다.

'무'의 위에 서서 이제 앞이 보이지 않는 인생을 살고 있다는 사실을 알았을 때, 지금까지 안주하던 세상에서는 아무 불안도 없이 안락하게 살아왔거늘, 이제는 휘몰아치는 폭풍우 속으로 쫓겨나듯이 새로운 세계에서 살아가야 한다.

하지만 이는 불안하면서도 한편으로 설레는 경험이기도 하다.

평소 어디로 가야 하는지 목적지가 결정되어 있어서 다른 길로 샐수 없는 출퇴근이나 통학과는 달리 여행을 할 때 느낄 수 있는 불안과 기대가 섞인 기분이 든다. 미키 기요시는 다음과 같이 말했다.

흔히 인생을 여행이라고 말한다. 마쓰오 바쇼의 시 '오쿠노호소미치(도호쿠 지방의 여러 지역을 여행한 기행문—옮긴이)'에 나오는 유명한 글귀를 인용하지 않더라도 누구나 깊이 실감할 수 있는 말이다. 인생에 대해 우리가 지니는 감정은 여행에서 느끼는 감정과 비슷한 데가 있다(미키 기요시,《인생론 노트》).

처음에는 이 세상에 나왔지만 아무 자각 없이 생각지도 못한 경험을 하거나 좌절했을 때 출퇴근과 통학으로 반복되던 일상에서 과감히 벗어나 여행길에 오를 결심을 하고 세상으로 나가는 것이다. 출퇴근과 통학이라면 목적지까지 최대한 효율적으로 도달해야 한다. 일과 관련해서 먼 곳으로 출장을 갈 때도 될 수 있으면 당일치기로 다녀오기도 한다. 대개는 출장 간 곳에서 관광을 하지는 않는다.

하지만 목적지에 도착하는 것은 여행의 목적이 아니다. 여행은집을 나선 순간부터 시작된다. 어디로 갈지 결정하고 여행을 떠나지만 그 목적지에 도착하지 못한다고 해서 여행이 아닌 것은 아니다. 목적지에 도달하는 과정이 모두 여행이다. 마음이 바뀌어 도중에 내리는 것도 여행이다. 예정보다 오래 머물 수도 있고, 반대로 일정을 앞당겨 빨리 돌아올 수도 있다. 더구나 여행은 서두르지 않아도 되므로 여정이 바뀌어도 문제가 되지 않는다.

인생을 이러한 여행이라고 생각할 수 있다면, 여행지에서의 시간이 평소와 전혀 다른 느낌으로 흐르듯이, 그때까지와는 전혀 다른 가치관으로 살기 시작하는 것이다.

"출발점이 여행은 아니며, 도착점이 여행인 것도 아니다. 여행은 끝없는 과정이다. 그저 목적지에 도착하는 데만 집중하느라 그 도중에 있는 것을 제대로 음미하지 못하는 사람은 여행의 진정한 즐거움을 모르는 것이다."(미키 기요시, 《인생론 노트》)

과정이야말로 여행이며 도중에 있는 것을 찬찬히 맛보지 못한다면 여행하는 의미도 없다. 여행에서 무언가 의미를 찾으려는 것부터가 잘못이라고도 할 수 있다.

여행의 즐거움은 '평소 일상생활 환경에서 벗어나는 것'(미키 기요시, 《인생론 노트》)에 있다. 많은 사람이 살아가는 상식적인 인생과 달리, 자신만의 개성 있는 인생을 살아가는 데는 리스크가 따른다. 남들과는 다른 인생을 살아가려면, 특히 부모는 자녀가 일률적이고 상식적인 인생에서 벗어난 길을 가는 것을 반대한다.

하지만 반대하는 사람도 실은 평범하지 않은 인생을 소신 있게 살아가는 사람이 느낄 '해방 또는 탈출의 감정'을 동경하고 있으며, 자신은 현재의 인생을 살아가고 있는 한 그런 감정을 느껴 보지 못할 거라고 생각한다. 미키 기요시는 이 해방과 탈출의 감정에 항상 또 다른 감정이 뒤따른다고 밝혔다.

"여행은 모든 사람에게 방랑의 감정을 안겨 준다."(미키 기요시, 《인생론 노트》)

방랑에는 목적지가 없다. 사람은 마지막에는 죽기 때문에 죽음이 목적지라고 생각하는 사람이 있을지도 모르지만, 우리는 죽기 위해 살지는 않는다. 고대 그리스인은 가장 행복한 것은 태어나지 않는 것, 그다음으로 행복한 것은 태어났다면 가능한 한 빨리 죽는 것이라고 생각했다.

플라톤은 이렇게 말했다.

"어떤 생명체든지 태어난다는 것은 처음부터 괴로운 일이다."(플라톤, 〈에피노미스〉, 《플라톤 전집》7)

분명 살아 있는 한, 수없이 괴로운 일을 경험하겠지만 이러한 사고를 옳다고 받아들이는 사람은 많지 않을 것이다.

아테나이Athēnai(아테네의 고대 그리스어—옮긴이)의 정치가인 솔론은 이렇게 말했다.

"인간은 살아 있는 동안에 여러 가지 보고 싶지 않은 것을 보아야만 하며, 겪고 싶지 않은 일들도 겪어야 하지요."(헤로도토스, 《역사》)

그러자 리디아의 마지막 왕이자 막대한 부자로 알려진 크로이소스가 이 말을 듣고는 다음과 같이 되물었다.

"아테나이의 손님이여, 우리는 당신의 지혜와 지식을 얻고자 여러 곳을 돌아다닌 끝에 많은 이야기를 들었소. 당신이 만난 사람들 가운데서 가장 행복했던 사람은 누구인지 궁금하오."

이때 솔론이 언급한 사람들 중에 클레오비스와 비톤 형제가 있었다.

그들은 어느 날 헤라 여신의 제례에 어머니를 모시고 가려 했다.

어머니를 소달구지에 태우고 신전으로 가야 했는데 밭일이 늦어져 소가 제때 돌아오지 못하자 형제가 직접 달구지를 끌고 신전까지 갔다. 어머니는 효심이 지극한 아들들에게 인간으로서 얻을 수 있는 최고의 행운을 달라고 신에게 기도했다. 제물을 올리고 향연이 벌어진 뒤, 신전 안에서 잠자던 형제는 두 번 다시 눈을 뜨지 못했다.

크로이소스는 이 대답에 실망했다. 효자인 자식들에게 최고의 행운이 요절이라고는 크로이소스가 아니라 그 누구도 생각할 수 없었을 것이다. 살아 있는 한 괴로움을 경험하지 않을 수는 없다. 가능한 한 그러한 경험을 피하고 싶은 게 당연하지만, 그렇다고 해서 괴로움을 경험하지 않으면 행복하다고 말할 수도 없다.

나가사키에서 피폭을 겪은 하야시 교코는 다음과 같이 말했다.

"열네 살에 세상을 뜬 친구는 청춘의 아름다움을 누리지도, 강하고 부드러운 팔에 안겨 보지도 못한 채 떠났다. 사랑하는 기쁨과 가슴 저리는 아픔을 맛보게 해주고 싶었다."(하야시 교코,《오랜 세월에 걸친 인간의 경험長い時間をかけた人間の經驗》)

인생의 목적지가 결코 죽음은 아니며, 그 죽음이라는 목적지를 향해 가능한 한 효율적으로 살아가려는 사람은 없을 것이다. 여행과 마찬가지로 인생은 과정을 어떻게 살아가느냐가 중요하다. 더불어 미키 기요시는 이렇게 말했다.

"대체 인생에서 우리는 어디로 가는 것일까. 우리는 그 답을 모른다. 인생은 미지를 향해 가는 방랑이다."(미키 기요시,《인생론 노트》)

앞으로 가는 곳이 어떤 장소인지 모를 때의 뭐라 말할 수 없는 느낌이 방랑의 감정이다. 가기 전부터 뭐든지 알고 있다면 여행을 떠날 필요가 없을 것이다. 인생은 죽음으로 끝난다. 이 사실만은 확실하다. 하지만 그 죽음이 어떤 것인지, 그리고 언제 죽을지는 알수 없다.

미지인 것은 죽음뿐만이 아니다. 인생의 과정에서 어떤 일이 일어날지, 그리고 그 일이 자신에게 어떤 의미가 있을지 모른다. 그렇기에 처음 여행을 시작할 때도, 여행하는 도중에도 불안해지는 것이다. 하지만 이 불안은 무슨 일이 일어날지 모르기에 생기는 감정이며, 만약 불안해지지 않는다면 인생에서 무슨 일이 일어날지 다보인다고 착각하는 것이다.

미래가 보이지 않는 것은 불안하지만, 그렇기에 더더욱 진심을 다해 살아보자고 생각하면 지금까지와는 살아가는 마음가짐도, 방식도 달라질 것이다.

"인생은 멀고, 더욱이 인생은 분망하다. 인생의 행로는 멀고도 가깝다. 죽음은 시시각각 우리의 발밑으로 다가오고 있으니까. 그래도 이러한 인생에서 인간은 꿈꾸기를 멈추지 않을 것이다."(미키 기요시,《인생론 노트》)

출퇴근이나 통학의 경우는 목적지에 도착하는 것이 중요하며, 게다가 가능한 한 효율적으로 도착해야 한다. 하지만 여행에서는 반드시 어딘가에 도착해야 하는 것은 아닌 만큼, 설령 목적지보다 훨씬 먼 곳에서 여행을 마쳤다 해도 과정이 중요하기 때문에 도중에

뜻을 이루지 못한 채 끝난 것은 아니다.

왜 사람은 인생에서 이러한 꿈꾸기를 멈추지 않는 걸까? 인생에서 앞으로 무슨 일이 일어날지 알 수 있다면 꿈도 꿀 수 없다. 미리 깔려 있는 레일 위를 걸어가는 인생에서도 꿈을 꿀 수 없을 것이다. 레일 위에서 상식적인 가치관에 따라 살아가기를 기대하며 살아간다면 큰 파탄을 겪지 않고 살아갈 수 있을지 모른다. 대다수의 사람들과 똑같은 모습으로 살아가고자 하면 망설일 일도 없다.

하지만 그렇게 안전한 인생을 살아가는 게 의미가 있다고는 생각되지 않는다. 게다가 사고나 재해를 겪거나 병에 걸려 보면 그러한 인생이 결코 안전하지만도 않다는 사실을 알 수 있다. 그런 경험을 하지 않는다고 해도 인생에서 뭐든 다 알 수는 없다.

어떤 중학생이 자신의 인생 계획을 말해 준 적이 있었는데 자신이 가고 싶은 대학에 합격하지 못할 수도 있다고는 전혀 생각하지 않았으며 결혼도 스물다섯 살에 하겠다고 정해 놓은 데 놀랐다. 입학 시험의 경우는 노력하면 문제없이 합격할지도 모르지만, 결혼은 상대가 있어야 하는 일이고 자신이 결혼하고 싶어도 거절당할 수 있다.

무슨 일이 일어날지 모르면 불안해진다. 불안해지지 않으려면 앞으로 무슨 일이 일어날지를 알고 있든지 스스로 제어할 수 있다고 믿어야 한다. 이렇게 생각하면 앞일이 보인다고 착각해 불안해지지 않는 사람보다, 불안해지는 사람이 인생을 잘 안다고 할 수 있다.

앞으로 40년 동안 똑같은 생활을 하며 살아가게 될 것이 괴롭다고 자살을 시도한 젊은이가 있었다. 1년 후에 무슨 일이 일어날지조차 예상할 수 없는 요즘 같은 때, 앞으로 40년을 지금과 똑같은 생활이 계속될 거라고 생각했다는 데 놀라지 않을 수 없었다. 순탄하게 대학 입시에 합격하고 원하는 회사에 취직했다고 해도 그 회사가 도산할지도 모르는 게 현실이다. 생활에 딱히 불만이 있었던 게 아니더라도 뭔가 채워지지 않는 공허감이 있었을 것이다. 그런 감정과 동시에 앞으로 똑같은 생활이 계속될 거라는 데 막연한 불안을 느꼈던 것 같다.

앞으로의 인생이 보이는 것처럼 생각되는 사람은 지금까지 살아온 인생에서 한 번도 좌절을 경험한 적이 없었을지 모른다. 하지만 지금까지 좌절한 적이 없었다고 해서 앞으로도 좌절할 일이 일어나지 않을 거라고는 장담할 수 없다. 병에 걸리는 등 자신의 문제로 인해 좌절하게 될 수도 있고 사고나 재해, 또는 코로나19처럼 외부 환경이나 요인으로 인해 좌절을 겪을 수도 있다.

이렇게 다음 순간에도 무슨 일이 벌어질지 모르는 게 인생이라면 역시 불안도 크겠지만, 무슨 일이 일어날지 정해져 있지 않기에 더더욱 미래를 꿈꿀 수 있는 게 아닐까. 이러한 인생에서야말로 사람은 몽상가로 살 수 있다.

이때 문제가 되는, 미래가 보이지 않는 불안을 여행에서 느끼는 방랑의 감정과 같은 맥락으로 본다면, 설령 불안은 있더라도—다만, 앞으로도 똑같은 생활이 계속될 거라는 생각에서 생긴 불안이 아니라 무슨 일이 일어날지 모른다는 불안— 이 인생은 살아갈 가

인생에서
앞으로 무슨 일이 일어날지
알 수 있다면
꿈도 꿀 수 없다.

치가 있지 않을까.

불안을
직시하라

키르케고르는 '불안은 자유의 현기증'이라고 말했다.

"만약 어떤 사람이 우연히 자신의 눈으로 크게 구멍이 뚫려 있는 심연을 들여다보았다면 그 사람은 현기증을 일으킬 것이다."(쇠렌 키르케고르,《불안의 개념》)

현기증이 일어나는 원인은 대체 어디에 있을까. 키르케고르에 따르면 그 원인은 심연에 있다고도 할 수 있으며 심연을 들여다본 당사자의 눈에 있다고도 할 수 있다.

"왜냐하면 그가 심연을 응시조차 하지 않았더라면 현기증을 일으키는 일은 없었을 것이기 때문이다."(쇠렌 키르케고르,《불안의 개념》)

키르케고르는 "불안은 하나의 반감적 공감이며 또한 하나의 공감적 반감이다."라고 말한다(쇠렌 키르케고르,《불안의 개념》).

끝을 알 수 없는 심연을 들여다보면 떨어지는 게 아닐까 하는 불안에 사로잡혀 현기증이 일어난다. 그렇다면 심연에 다가가 들여다보지 않으면 되는데, 그래도 마음이 끌린다. 무서운 것을 보고 싶은 마음에 들여다보게 되는 것이다. 이러한 의미에서 불안을 반감적 공감이자 공감적 반감이라고 일컬은 것이다.

키르케고르는 어린이들 사이에서는 불안이 "모험적인 것, 뜻밖의 것, 수수께끼처럼 알 수 없는 것에 대한 동경으로서 상당히 명확하게 나타난다."고 말했다(쇠렌 키르케고르,《불안의 개념》).

"이러한 종류의 불안은 아이들에게 본질적이라고도 할 수 있어서 아이들은 그러한 불안 없이는 지낼 수 없을 정도다. 가령 불안이 아이들을 조마조마하게 한다 해도, 그 불안 자체가 갖고 있는 달콤함이 고민으로 깊어지면서 아이의 마음을 사로잡는다."(쇠렌 키르케고르,《불안의 개념》)

탐험에 나서는 아이들은 불안하면서도 가슴이 두근거린다. 무슨일이 일어날지 알 수 없고 위험한 상황에 부딪힐지도 모르지만 길을 나서기를 단념하지 않는다.

짝사랑하는 사람에게 마음을 어떻게 전할지 고민하는 사람도 '달콤한 불안'을 느낀다. 자신감이 있으면 불안하지 않다. 그러나 사랑을 고백했을 때 상대가 거절할지 모른다고 생각하면 불안은 더욱 커진다. 그래도 고백했다가 상처받을 바에야 아무 말도 하지 않겠다고 마음먹지는 않을 것이다.

심연을 향해
뛰어들어라

번지 점프를 하는 사람이 불안해지는 까닭은 뛰어내릴지 말지를 결정할 자유가 있기 때문이다. 애초에 저 아래 심연을 향해 뛰어들려고 생각하지 않았다면 불안에 시달릴 일은 없다.

인생에서도 심연 앞에서 발이 움츠러들어 움직일 수 없을 때가 있다. 재해를 당하거나 병에 걸려 그때까지 자신이 서 있던 대지가 갑자기 갈라지고 심연이 열리는 일도 있지만, 자신이 자진해 심연 앞에 서는 경우도 있다. 아들러의 말과 달리, 불안은 자신의 앞을 가로막아 선 역경에 맞서는 힘이 될 수도 있다. 많은 사람이 선택하는 안전해 보이는 인생과는 다른 인생을 살아가기로 결심하면 앞으로 펼쳐질 인생에서 어떤 일이 자신을 기다리고 있을지 보이지 않게 돼 심연이 열리는 경험을 하게 될 것이다. 다른 사람들이 보편적으로 선택해 살아가는 인생이라면 어떤 인생일지 예상할 수 있다.

하지만 실제로는 많은 사람이 살아가는 인생이라고 해도 사람은 모두 다르기에 그 누구도 같은 인생을 살아갈 리는 없다. 그러므로 예상하지 못한 일을 경험하게 되고 곤경에 처하는 일은 얼마든지 생길 수 있다.

부모가 교사인 아이가 자신은 교사가 되지 않겠다고 일찌감치 마음을 정하기도 한다. 교사가 중요한 직업이라는 건 알지만 날마다 야근하고 늦게 돌아와 피로에 지쳐 있는 부모를 보며 자란 아이는 교사가 되기를 주저할 것이다. 이러한 사실은 주변에 교사가 없는 사람은 좀처럼 알 수 없다. 하지만 그렇게 상세한 상황까지 알고 나면 어떤 일도 직업으로 삼으려 하지 않을 것이다.

부모도 자녀가 자신과는 전혀 다른 인생을 살아가겠다고 하면 불안해서 말리는 경우가 있다. 가령 아이가 학교를 중퇴하겠다는 말을 꺼낸다면 고학력 부모는 중졸의 학력으로 살아가는 인생을 상상할 수 없기 때문에 고등학교 졸업장은 있어야 한다며 아이의 마음을 돌리려고 설득할 것이다. 하지만 성공을 목표로 하는 인생도, 또는 성공하지 못해도 경제적으로 고생하지 않고 살 수 있다고 생각하는 인생도, 사실은 조금도 안전하지 않다. 앞으로의 인생이 보인다고 믿고 있을 뿐이며 편한 직종이 아니라는 걸 알게 되거나 병에 걸려 일을 계속할 수 없게 되면 금세 어떻게 살아가면 좋을지 몰라 눈앞이 캄캄해진다.

설령 그런 일을 겪지 않고 노년을 맞이하더라도 정말 소중한 것을 손에 넣지 못했다거나 자신이 원하는 인생을 살아오지 못했다는 데 생각이 미쳤을 때 절망하기도 한다.

그렇듯 많은 사람이 살아갈 법한, 언뜻 보기에 안전한 인생을 살아가는 대신 모험을 하는 것도 좋다. 여기서 말하는 '모험'은 미키 기요시의 말을 빌리자면 개성 있고 색다른 삶, 모두가 생각하는 상식적인 가치관에서 벗어난 삶을 살아가는 일이다(미키 기요시, 〈셰스토프적 불안에 관하여〉, 《미키 기요시 전집》 제11권).

남들과 다른 인생을 살다 보면 때때로 심연을 맞닥뜨리게 되는데 그때는 심연에서 눈을 돌리지 말고 심연으로 뛰어들면 된다. 이렇게 생각하면 불안하겠지만, 이때의 불안은 다른 사람에게 맞춰가며 남들이 하는 대로가 아니라, 스스로 자유롭게 살아가고 있다는 증거다.

아무것도
소유하지 마라

소크라테스의 사상을 계승한 키니코스 학파(우리나라에서는 견유학
파라고도 부른다―옮긴이)의 철학자 디오게네스는 아무것도 소유하
지 않고 술통 속에서 살았다. 유일하게 물을 마실 수 있는 바가지를
갖고 있었지만 어느 날 아이가 맨손으로 강물을 떠서 마시는 모습
을 보고 '나는 이 아이에게 졌다.'라는 깨달음을 얻고는 그 바가지
마저 버렸다(디오게네스 라에르티오스, 《그리스 철학자 열전》).

  병에 걸렸을 때 불안해지는 까닭은 '소유하고 있기' 때문이다.
소유하고 있기 때문에 그것을 잃는 건 아닐까 하고 불안해지는 것
이다. 그렇다면 뭐든지 갖고 있는 것을 버리면 되는 걸까? 그렇지
않다. 어떤 사람이 "영원한 생명을 얻으려면 어떻게 해야 합니까?"
하고 예수에게 물었다. 예수는 "살인하지 마라, 간음하지 마라, 거
짓 증언을 하지 마라, 도둑질하지 마라, 부모를 공경하라." 하고 계
율을 들었다.

  "그런 건 다들 어릴 때부터 지키고 있습니다." 하고 그가 대답하
자 예수가 말했다.

  "부족한 게 하나 있다네. 돌아가서 소유하고 있는 물건을 팔아 가
난한 자들에게 나눠 주게나."

  그는 어두운 표정으로 슬퍼하며 떠나갔다. 대부호였기 때문이다
(《마르코의 복음서》).

8. 불안의 해법

여기서 예수가 말하고자 하는 진의는 형태로서 갖고 있는 물건을 팔아치우라는 뜻이 아닐 것이다. 다른 계율도 영원한 생명을 얻기 위해 형태로서 지켜 왔을 뿐이라는 사실을 비판한 것이다. 디오게네스의 이야기로 돌아가 보자. 이 이야기에서 주목할 핵심은 소유한 물건을 버리는 게 아니라 물건에 대한 집착에서 자유로워지는 일이다.

마케도니아의 알렉산드로스 대왕이 디오게네스를 찾아갔을 때의 일이다. 디오게네스는 앞에서도 소개했듯이, 살아가는 데 필요한 물건을 최소화하고 스스로 만족스럽게 생활하고 있었다. 알렉산드로스는 마케도니아 왕으로 즉위한 후 페르시아 정벌의 전권을 쥔 장군으로 발탁됐다. 이때 많은 정치가와 철학자가 축하하러 모여들었지만 당시 코린토스에서 지내던 디오게네스는 알렉산드로스를 전혀 의식하지 않고 느긋하게 한가로운 시간을 보내고 있었기에, 알렉산드로스가 몸소 코린토스로 디오게네스를 찾아갔다.

마침 디오게네스는 일광욕을 하고 있었다. 그곳에 많은 사람이 찾아오자 그는 약간 몸을 일으키고는 알렉산드로스를 가만히 바라보았다. 알렉산드로스가 디오게네스에게 인사를 하고 "뭔가 원하는 건 없는가?" 하고 묻자 그는 "햇빛을 가리지 말고 비켜 주시겠소?" 하고 말했다.

일광욕을 하고 있는데 삼엄하게 무장한 병사들이 느닷없이 뛰어 들어와서는, 일흔 살 정도인 디오게네스에게 스무 살 안팎의 젊은 알렉산드로스가 "뭔가 원하는 건 없는가?" 하고 물었다니 상당히 무례하다는 생각도 든다. 알렉산드로스는 디오게네스의 자부심과 위대함에 감탄해 "만약 내가 알렉산드로스가 아니었다면 디오게네스가 되고 싶었을 것이다." 하고 말한 것으로 전해진다(플루타르코스,《영웅전》).

한쪽은 대제국의 왕, 한쪽은 아무것도 소유하지 않은 철학자. 알렉산드로스는 아무것도 갖지 않고서도 권위 앞에서 눈 하나 깜짝하지 않는 디오게네스의 인품에 마음속 깊이 경탄해 자신도 디오게네스처럼 되고 싶어 한 것이 아닐까 하고 상상해 본다. 디오게네스는 지금 여기서 디오게네스가 될 수 있다고 말했을지도 모른다. 하지만 알렉산드로스는 아시아 원정에 나서야만 했다. 결국, 알렉산드로스는 두 번 다시 그리스 땅을 밟지 못했고 서른넷의 젊은 나이로 세상을 떠났다.

누구나 행복을 원하며, 행복해지기 위해서는 무언가를 이루어야 한다고 믿는 사람이 많다. 알렉산드로스에게 행복은 적과 싸워 정복하는 일이었지만 그런 위업까지는 아니더라도, 오늘날에는 일류 대학에 들어가 유명 대기업에 취직하는 것을 목표로 행복을 추구하는 사람들이 있다. 하지만 디오게네스는 아무것도 소유하지 않고도 행복해질 수 있다는 것을 가르쳐 준다.

이렇게 살아가는 인생은 앞에서 살펴본 개성 있고 색다르게 살아가는 삶이므로 사실은 많은 사람이 디오게네스처럼 살아가는 것이 행복할지 모른다고 생각할지라도 실제로 그러한 인생을 선택할 용기는 없다.

평론가 가토 슈이치는 다음과 같이 말했다.

"1960년대 후반에 미국의 베트남 정벌에 항의해서 워싱턴에 모인 히피 집단이 무장해 일렬로 선 군대와 대치해 땅바닥에 주저앉았을 때, 그 무리에 있던 젊은 여성이 한 손을 뻗어 눈앞에 있는 무표정한 병사에게 내밀었던 작은 꽃 한 송이만큼 아름다운 꽃은 지상의 그 어디에도 없을 것이다. 그 꽃은 생텍쥐페리의 어린 왕자가 사랑한 작은 장미다. 또는 성서에서 솔로몬이 누린 극치의 영화에도 겨룰 정도였다는 들의 백합이다."(가토 슈이치,《작은 꽃小さな花》)

한쪽은 역사상 전례 없는 무력武力, 다른 한쪽은 무력無力한 여성. 그녀는 아무것도 갖고 있지 않았지만 그녀가 내민 꽃은 무장한 병사의 마음을 흔들었음이 분명하다. 정말로 무력한 사람은 자신이 아닐까, 하고.

사람은 이 병사처럼 무장하고 있다. 있는 그대로의 자신을 남들에게 보이기가 두렵기 때문이다. 아무도 다가오지 못하게 방어 태세를 갖추거나 타인에게 더 잘 보이려고 한다. 이런 행동을 하는 까닭은 열등감 때문이다. 그런 행동을 하지 않아도 된다고, 꽃을 받아든 사람은 어느새 경계를 풀 것이다.

진정한 친구를
사귀어라

불안 때문에 '무장'하는 사람도 있다. 이런 사람은 마음을 열기가 두려운 것이다. 아들러는 다음과 같이 말했다.

"불안은 인생을 너무 괴롭게 하고 자신을 다른 사람에게서 몰아냄으로써 평화로운 삶과 생산적인 활동의 기초 구축을 방해한다."(알프레드 아들러, 《아들러의 인간이해》)

자신을 타인에게서 몰아낸다는 것은 사람들과 엮이려 하지 않는다는 뜻이다. 하지만 다른 사람과 관계를 맺지 않으면 어떻게 될까.

"평화로운 삶과 생산적인 활동의 기초 구축을 방해한다."

대인관계는 고민의 원천이라고 해도 좋을 정도지만, 다른 사람과 관계를 이루며 살아가면 평화로운 삶을 보내고 뜻깊은 성과를 낼 수 있다. 그 누구와도 처음부터 좋은 관계를 맺기는 어렵다. 대인관계를 회피하면 갈등이나 분쟁에 휘말리는 일을 피할 수도 있다. 하지만 사람들과 유대관계를 이룰 때 비로소 살아가는 기쁨과 행복을 느낄 수 있다. 사람과 어우러지지 않고는 '평화로운 인생'을 보낼 수 없다. 불안은 대인관계를 회피하기 위한 목적으로 만들어지고 대인관계 속에 어울려 살아가지 않으면 '말할 수 없이 괴로운 인생'이 된다.

다만 대인관계를 잘한다는 것이 누구와도 사이좋게 지내야 한다는 의미는 아니다. 친구가 많다고 자랑하는 사람, 요즘으로 말하면

8. 불안의 해법

SNS의 팔로워 수가 많다는 사실을 과시하는 사람이 있다. 반대로 친구가 적다고 불안해하는 사람도 있다.

아들러가 말하는, 사람과 사람이 연결되어 있다는 의미에서의 '동지'는 수가 많고 적음과는 관계없다. 고등학생 때 내게 친구가 없다고 걱정하던 어머니가 이와 관련해 담임선생님과 상담을 한 적이 있다. 그때 선생님은 어머니에게 내가 '친구를 필요로 하지 않는다.'고 말했다. 이때 선생님이 말한 '친구'는 언제나 행동을 함께하는 사이좋은 벗이라는 의미였을 것이다. 그런 의미에서의 친구라면 아무리 많아도 소용없으며 무슨 일이 있을 때나 꼭 필요할 때는 도움이 되지 않는다.

'어려울 때 도와주는 친구가 진짜 친구다.'라는 속담에서 말하는 친구가 한 사람만 있어도 된다. 현실적으로 그런 친구가 지금 없더라도, 잘 보이려고 애쓰지 않아도 있는 그대로의 자신을 받아들여 주는 사람이 있다고 생각하면 비록 만만치 않은 삶이지만 '말할 수 없이 괴로운 인생'까지 되지는 않는다.

자신의 힘으로 해결할 수 없는 문제가 있으면 이러한 동지인 친구에게 도움을 청하라. 원래 의존적인 사람이 자기 스스로 할 수 있는데도 남에게 도움을 청하는 것은 바람직하지 않지만, 자신이 할 수 없는데도 도움을 청하지 않으면 결국 문제를 해결할 수 없다.

타인과
연대하라

병을 앓고 있을 때의 불안을 생각해 보면 환자가 의사를 '동지'로 여겨야 한다는 사실은 앞서 설명한 바와 같다. 아들러는 다음과 같이 말했다.

"인간의 불안은 개인을 공동체와 연결시켜 주는 연대감을 통해서만 제거된다. 자신이 타자에게 속해 있다는 것을 의식하는 사람만이 불안 없이 인생을 살아갈 것이다."(알프레드 아들러,《아들러의 인간이해》)

'타자에 속해 있다'는 말이 다소 이해하기 어렵지만, 정확히 말하면 '타자로 구성된 공동체'라는 의미다. 어떠한 공동체에 소속되어 있다는 감각을 가질 수 있는 것은 인간의 기본적인 욕구다. '공동체'의 최소 단위는 '나'와 '너'이므로 타자에 속해 있다고 표현할 수도 있다.

의사와 환자의 관계에서도 똑같이 말할 수 있다. 공동체는 환자와 의사로 구성되어 있다. 이 공동체에 속해 있다고 느낄 때 환자는 의사와 협력해 치료를 해 나가려 한다. 그것이야말로 '살아갈 용기'를 갖는 일이고 그런 용기를 가졌을 때 불안은 제거된다.

하지만 이는 집단 따돌림을 당할까 두려운 마음으로, 내키지 않는데도 공동체의 일원이 되라는 이야기가 아니다. 때때로 현실적인 공동체가 아닌 경우도 있다. 세상에 있는 불합리한 일에 자신의 목소리를 내는 데는 용기가 필요한데, 목소리를 냈을 때는 반드시 주변에 그 일을 지지하고 연대하는 사람도 있다. 이러한 사람들로 구성된 공동체에 소속되어 있다는 느낌은 자신이 고립될지도 모른 다는 불안을 해소시켜 준다. 목소리를 높여 의견을 내는 사람을 지 지하는 입장에서 말하자면, 모두가 협력하고 있음을 실감하면서 이런 일을 해도 세상은 아무것도 달라지지 않을 거라는 불안감에 서 벗어날 수 있다.

'사람과 사람이 연결되어 있는 것'을 아들러는 '공동체 감각'이 라고 말했다. 이는 위에서 주어지는 것이 아니다. 본래는 정부가 해 야 할 임무인데 재해가 발생했을 때, 그리고 코로나19 위기 상황에 서 자신들은 아무것도 하지 않고 우선 자조, 그러고 나서 효과가 없 으니 공조와 국민 연계를 호소하는 것은 잘못된 일이다.

국민은 정부가 호소하지 않아도 재해를 당해 어려운 사람이 있 으면 서로 돕는다. 분명 지금 이렇게 큰 역경에 처해 있지만 사람 들과의 연대감을 통해 앞으로 어떻게 될지 모른다는 불안감이 제 거된다.

당연하지만 국가와 정부는 별개다. 진심으로 국가를 사랑하는 사 람은, 필요하다면 정부를 비판할 것이다. 개인의 관계에서도 상대 를 사랑한다는 건 상대가 하는 일을 무조건적으로 받아들이는 일 이 아니다. 잘못된 일을 잘못됐다고 말해 줄 수 없다면 상대를 사랑 한다고 할 수 없다. 상대의 잘못된 점을 지적한다고 해서 깨질 관계 라면 지금은 관계가 좋아 보여도 언젠가는 파탄이 날 것이다. 정부를 비판함으로써 국가가 분단되는 사태가 된다고 하더라도 그 불화에서 진정한 연대감이 생겨나야 한다.

희망을
찾아라

미키 기요시는 다음과 같이 말했다.

"나는 미래에 대한 밝은 희망을 잃을 수 없었다."(미키 기요시, 《알려지지 않은 철학》)

희망을 잃지 않은 게 아니라, 희망을 잃을 수 없었다고 했다. 왜 미키 기요시는 이렇게 말했을까. 희망은 타자에게서 주어지기 때문이다.

"자신이 갖고 있는 것을 잃을 수 없다는 것이 인격주의의 근본 논리다. 하지만 오히려 그 반대여야 한다. 자신에 의한 것이 아니라 어디까지나 다른 곳으로부터 주어지는 것이기 때문에 나는 그것을 잃을 수가 없는 것이다."(미키 기요시, 《인생론 노트》)

고립되어 있다고 생각해도 사람은 누구나 타자와 연결되어 살아가고 있다. 아무 일도 없으면 평소 이 사실을 깨닫지 못할 수도 있지만, 역경에 부딪힌 뒤에 비로소 자신의 편이 되고 자신을 지지해주는 동지의 존재를 깨닫는다. 그때 희망은 타자로부터 주어진다.

미키 기요시는 또한 이렇게 말했다.

"마음에 희망만 있으면 인간은 어떤 고난도 견뎌낼 수 있다."(미키 기요시, 〈마음에 희망을〉, 《미키 기요시 전집》 제16권)

너무 낙관적이라고 생각하는 사람도 있겠지만, 병에 걸렸을 때라든지 타자에게서 주어진 희망에 의해 절망에서 구원받았다고 실감한 사람이 분명 있을 것이다.

자신의 가치를 스스로 알기란 쉬운 일이 아니다. 무언가를 이루어야 자신에게 가치가 있다고 생각하는 사람은 병에 걸리면 자신에게는 가치가 없다고 생각한다. 그런 사람이 입원했다는 소식을 듣고 가족과 친구들이 서둘러 병원으로 달려가, 중태여도 어쨌든 무사한 모습을 보며 기뻐하는 것을 알았을 때, 살아 있는 것만으로도 자신에게 가치가 있음을 깨닫고 다른 사람들과 이어져 있다는 것을 실감한다.

지금을 살아라

이렇듯 타자와 연결되어 있다고 생각하면 불안에서 벗어날 수 있다는 걸 알았다. 또한 질병이나 죽음에 관해 생각했을 때 '지금 여기'서 만족한 삶을 사는 것이 무엇보다 중요하다는 사실도 살펴보았다.

'지금 여기서 살아간다.'라는 사고는 스토아철학에서 유래한다.

마르쿠스 아우렐리우스는 다음과 같이 말했다.

"설령 자네가 3천 년을 산다 해도 혹은 3만 년을 산다 해도, 기억해 두게나. 그 누구도 현재 살고 있는 삶 이외의 삶을 잃지는 않는다는 사실, 그리고 지금 잃는 삶 이외의 삶을 살아가는 것이 아니라는 사실을 말일세."(마르쿠스 아우렐리우스,《명상록》)

몇 년을 살았는지는 중요하지 않으며, 태어난 지 얼마 되지 않은 아이도 오래 살아온 사람도 '지금'밖에 살 수 없다.

"그러므로 가장 긴 삶도 가장 짧은 삶도 다 똑같다."

"사람은 모두, 지금 이 순간만을 살고 있다. 그 외에는 이미 삶을 마쳤거나 불확실한 것이다."(마르쿠스 아우렐리우스,《명상록》)

사람은 흐름 속에서 살고 있다. 철학자 헤라클레이토스는 "같은 강에는 두 번 들어갈 수 없다."라고 말했다. 이 세상의 모든 것은 흘러가고 있으며, 변하지 않고 똑같은 모습으로 머무는 것은 하나도 없다는 것이다. 과거는 '이미 다 지나가' 버렸고 이제 아무 데도 없다. 미래도 어떻게 될지 아무도 모른다는 의미에서 '불확실'하다. 사람은 '지금 이 순간'만을 살아갈 수밖에 없다.

미래의 인생이 보이지 않는 것을, 어둠 속에서 더듬거리며 걸어가는 이미지로 떠올린다면 그다음 한 발을 내딛기가 두려울 수도 있다. 그러지 말고 '지금 여기'에 강렬한 빛을 비춰 보면 인생이 다르게 보일 것이다. 과거와 미래가 모두 보이지 않는 것도, 지금을 살아갈 수밖에 없다는 것도 똑같지만, 살아가는 자세가 앞날의 인생을 보이지 않게 하는 것이며 오늘이라는 날을 위해서만 살아가는 삶을 자신이 선택한다는 점이 다르다.

　이렇게 살아가는 삶은 찰나주의가 아니다. 아들러는 현실과의 접점을 잃으면 "인생이 요구하는 것, 인간으로서 타자에게 무엇을 주어야 할지를 잊는다."라고 말했다(알프레드 아들러,《아들러의 인간이해》). '지금 이곳'을 살지 않는 것도 현실과의 접점을 갖고 있지 않은 삶이다. '준다'는 것은 '공헌한다'는 뜻이지만 지금까지 살펴봤듯이, 무언가 특별한 것을 하지 않아도 살아 있음으로써 그 자체로 타자에게 공헌하는 것이다. 이러한 의미에서 타자에게 받는 것뿐만 아니라 주는 것, 공헌하는 것이야말로 우리가 살아가는 목표다. 이 목표를 똑똑히 응시하고 있는 한, 앞날의 인생이 불확실하더라도 인생에서 방향을 잃고 헤매는 일은 없을 것이다.

불안의 철학

1판 1쇄 발행   2022년 6월 24일
1판 2쇄 발행   2022년 7월 12일

지은이   기시미 이치로
옮긴이   김윤경

발행인   황민호
본부장   박정훈
책임편집   한지은
편집기획   김순란 강경양 김사라
마케팅   조안나 이유진 이나경
국제판권   이주은
제작   심상운

발행처   대원씨아이(주)
주소   서울특별시 용산구 한강대로15길 9-12
전화   (02)2071-2095
팩스   (02)749-2105
등록   제3-563호
등록일자   1992년 5월 11일

ISBN   979-11-6918-207-2 03100